JEMAND muss *sie* tragen!

Fackelläufer erzählen

Bibliografische Information der Deutschen Bibliothek:
Die Deutsche Bibliothek verzeichnet diese Publikation in der Deutschen Nationalbibliografie; Detaillierte bibliografische Daten sind im Internet über http://dnb.ddb.de abrufbar.

Jemand muss sie tragen. Fackelläufer erzählen
Felix Geyer, Peter Göttke, Stephan Jehle und weitere

ISBN 978-3-87620-433-8

1. Auflage 2015
Alle Rechte vorbehalten

© 2015 by Patris-Verlag, Vallendar
Produktion und Herstellung: BUSiNESS COPY, Kaltenengers
Printed in Germany
www.patris-verlag.de

Lektorat:
Maria Fischer, Publizistik- und Kommunikationswissenschaftlerin MA
Sarah Jehle, Volontärin der kath. Journalistenschule München (ifp)

Layout:
Franziska Thurm, Kommunikationsdesignerin

Fotos:
Christopher Bersch, Matthias Groß, Carlos Uvidia und weitere
Foto S.46 l.o.: Osservatore Romano

Bildnutzungsrecht: Matthias Jehle, matthias.jehle@web.de
Textnutzungsrecht: Stephan Jehle, stephanjehle@gmx.de

Für alle, die ihren Weg gehen
und dadurch ihr Licht leuchten lassen!

DAS FEUER DES GLAUBENS

Geleitwort von Erzbischof em. Dr. Robert Zollitsch

Das Feuer, das auf die Erde zu werfen, Jesus gekommen ist (vgl. Lk 12,49), hat durch alle Jahrhunderte hindurch Menschen entzündet. Es brennt auch in achtzig jungen Männern, die zur Feier des hundertjährigen Jubiläums Schönstatts von Valle di Pompei mit einer brennenden Fackel in der Hand aufbrachen, um an den zündenden Funken zu erinnern, der vom Heiligtum der Gottesmutter von Valle di Pompei das Licht im kleinen Heiligtum in Schönstatt entfachte. Von dort war die Botschaft gekommen, die das Herz P. Josef Kentenichs anregte, die Gottesmutter wie in Valle di Pompei zu bitten, das Michaelskapellchen in Schönstatt zu erwählen und es zu einem Wallfahrtsort werden zu lassen, der den Menschen Heimat und Kraft zum Zeugnis für Jesus Christus schenkt. Dort haben unsere Läufer ihre Fackeln entzündet und das Feuer im Fackellauf über Hunderte von Kilometern neu nach Schönstatt getragen. Sie haben uns damit erleben lassen, dass das Feuer, das vor hundert Jahren im Heiligtum in Schönstatt entzündet wurde, heute weltweit leuchtet, die Herzen vieler Menschen entbrennen lässt und unzähligen Menschen auf ihrem Weg leuchtet und sie begleitet.

Dieses hell leuchtende Zeugnis der Fackelläufer ist zu einem feurigen Symbol und faszinierenden Ausdruck für die

Aktualität und Lebendigkeit des Auftrags Schönstatts und für unseren Weg in die Zukunft geworden. Licht und Wärme des Feuers erhellen die Zukunft und weisen ermutigend den Weg. Wie achtzig junge Männer gemeinsam den langen Weg von Pompeji bis Schönstatt unter die Füße genommen haben, so dürfen wir alle im Liebesbündnis mit der Gottesmutter und untereinander im Heiligen Geist entbrennen und seine Kraft erfahren, um das Feuer des Glaubens, der Hoffnung und der Liebe, das Jesus Christus in die Welt gebracht hat, weiterzugeben, um viele für sein Evangelium zu entzünden und so Licht und Wärme in unsere Welt zu bringen.

Ich bin den Fackelläufern dankbar, dass sie uns über das leuchtende Zeichen der Fackel hinaus an ihren Erfahrungen teilhaben lassen und sie durch diese Veröffentlichung an viele Menschen weitergeben. Möge ihr Zeugnis Menschen neu für Jesus Christus und die Gottesmutter entzünden und dazu beitragen, dass das Feuer, das Jesus Christus in unsere Welt gebracht hat, immer heller leuchtet.

✝ Robert Zollitsch
Erzbischof em. Dr. Robert Zollitsch

Wir kommen zusammen	20
Ich – Ein Original	36
Wachstum – Unterwegs zu mir	50
Herausforderung	68
Grenzgänger	90
Wir sind Familie	108
Wir prägen unsere Welt	126
Hier bin ich	152

JEMAND MUSS SIE TRAGEN ...

Manche waren vielleicht selbst dabei. Viele haben uns in der Arena in Schönstatt erwartet. Wieder andere haben vom Jubiläum der Schönstattbewegung und dem Fackellauf der Mannesjugend in diesem Zusammenhang gehört. Für einige aber wird der Inhalt dieses Buches neu und unbekannt sein. Die Erlebnisse und Erfahrungen des Projekts »Fackellauf 2014 – shine your light!« bilden den Grundstock für dieses Buch.

WIE ALLES BEGANN

»So bitten wir dich heute: Nimm unsere Hingabe, unsere Treue, unser JA an! Für das Schönstatt der neuen hundert Jahre. Dafür steht diese Fackel!«, so schallte es am 17. Oktober durch die Pilgerarena in Schönstatt. Mit hoch erhobener Hand hielt ein junger Mann in seiner roten Jacke die Fackel in die Höhe. Am Vorabend des großen Jubiläumstages wurde in der Vigilfeier die Fackel zum Symbol für einen neuen Anfang. 84 junge Männer trugen neun Tage lang eine Fackel auf einem Weg von 1800 Kilometern. Einen Teil dessen, was wir dabei erlebten und auch persönlich erkannten, haben wir in den Geschichten und Anekdoten dieses Buches festgehalten.

EIN PROJEKT

Am 18. Oktober 1914 schlossen die ersten jungen Männer um den Gründer der Schönstattbewegung ein Bündnis mit der

Gottesmutter und gründeten dadurch mit ihm die heute internationale Schönstattbewegung. 2014, genau hundert Jahre später, feierte diese ihr hundertjähriges Bestehen. Unter dem Motto »Shine your light. Dein Bündnis – unsere Mission« meldeten sich 84 junge Männer aus elf Nationen zu einem Fackellauf von Pompeji nach Schönstatt an. Sie waren bereit, sich auf dieses Abenteuer einzulassen.

ABLAUF UND ZIEL

Pompeji. Im Sommer 1914 wurde Pater Kentenich durch einen Zeitungsbericht auf eben diesen italienischen Wallfahrtsort aufmerksam. Er handelte von der Art der Entstehung dieses Gnadenortes, der durch das Engagement der Menschen vor Ort zu einem großen Wallfahrtsort heranwuchs. Angeregt von diesem Artikel fragte Pater Kentenich im Gründungsdokument: »Könnte Ähnliches nicht auch hier bei uns (in Schönstatt) geschehen?« Diesen Ort zum Ausgangspunkt zu wählen, bedeutete eine Rückkehr zu den Wurzeln, zur intuitiven Überzeugung: Ich selbst kann einen Beitrag leisten und damit ein Stück die Welt verändern und so einen Beitrag für eine Neuinspiration der Zukunft leisten! Am 8. Oktober 2014 trafen sich die Läufer in Rom. Nach der Generalaudienz, bei der Papst Franziskus der Fackel und den Fackelläufern seinen Segen spendete, ging es 270 Kilometer weiter Richtung Süden nach Pompeji. Dort wurde die Fackel entzündet und am Donnerstag, 9. Oktober, auf den Weg geschickt. Aufgeteilt in Kleinbusse für die Tagesetappen wurde jeden Tag eine Strecke von ca. 200 Kilometern bewältigt. Jeder Läufer lief sechs Kilometer in ungefähr 30 Minuten, bevor er die Fackel an den nächsten weitergab. Angespornt und entflammt, dem Liebesbündnis zum Jubiläum eine eigene Form zu geben und dadurch Christsein neu auszudrücken und zu leben, führte der Weg durch halb Europa.

DIE MOTIVATION

Christsein, das mit dem alltäglichen Leben aufs Engste verbunden ist, und dies in einem Bündnis mit Maria zum Ausdruck bringt, ist das Besondere unserer Spiritualität, die stark vom Gedanken des Bundes geprägt ist. Diese Verbundenheit miteinander und mit Gott, in einem großen und internationalen Rahmen, verbunden mit einer sportlichen Herausforderung zu erleben, weckte Abenteuerlust und Motivation.

BETEN MIT DEN FÜSSEN

Im Vorhinein des Projekts gaben uns viele Menschen ihre Sorgen und Anliegen mit auf den Weg. Jedes Mal, wenn einer der Läufer die Fackel übernahm, zog er eines dieser Anliegen und lief seine Wegstrecke dafür. Wer sich so mit den existentiellen

Sorgen anderer Menschen verbindet, vergisst über dieses Nachdenken leicht die Strapazen und Schwierigkeiten der Strecke.

INTERNATIONALITÄT

Teilnehmer aus elf Nationen und eine Kommunikation in drei Sprachen – das bringt die Internationalität der Schönstattbewegung zum Ausdruck und macht deutlich, dass das Liebesbündnis nicht an Länder- oder Sprachgrenzen oder unterschiedlichen kulturellen Hintergründen halt macht. Es stellte die Gruppe aber auch vor große Herausforderungen. Sich zu entscheiden beim Fackellauf dabei zu sein, das hieß: JA sagen zu zehn Tagen mit lauter fremden Männern und das auf engstem Raum. Im sich Einlassen auf die anderen entstand ein gemeinsamer Erfahrungsschatz, der sich besonders in der spirituellen Dimension, in den Gebeten, Gottesdiensten und Liedern ausdrückte, wie auch im Laufen für die Anliegen. Viele unserer Geschichten handeln gerade davon.

EIN GEISTIGER WEG

In der Vorbereitung wurde schon deutlich, dass es nicht nur einen organisatorischen, sondern auch einen geistigen roten Faden durch diese Tage brauchte. Jeder Tag bekam deshalb ein eigenes Tagesmotto. So spannte sich ein Bogen vom Start in Rom bis zur Ankunft in Schönstatt, der auch zum roten Faden dieses Buches wurde.

Unter dem Motto »Wir kommen zusammen« geht es um einen Blick auf die entstehende Gemeinschaft aus vielen individuellen Charakteren. Die Perspektive »Ich – ein Original« lädt dazu ein, auf die eigenen Stärken zu schauen, sich als einzigartig und bedeutsam wahrzunehmen. Darauf folgt unter dem Stichwort »Wachstum – unterwegs zu mir« ein Blick auf Situationen und Erlebnisse, bei denen der Einzelne immer mehr zu sich selbst gefunden hat. Die »Herausforderung« anzunehmen, war das Motto, unter dem der Tag der Alpenüberquerung und auch das folgende Kapitel stehen. Das Motto »Grenzgänger – zwischen Himmel und Erde« lenkt den Blick auf den Einzelnen, der als Läufer mit einem Anliegen in seinem Tun und in seinem Gebet Himmel und Erde verbindet. Das wachsende Gemeinschaftsgefühl wird durch das Motto »Wir sind Familie« ausgedrückt. Begegnungen mit anderen Menschen, Veränderungen, die etwas Positives bewirken und die Frage, was der Einzelne mitnimmt, finden sich unter der Perspektive »Wir prägen unsere Welt«. Das Jesaja-Zitat: »Hier bin ich« prägte schließlich den Abschlussimpuls des Projektes und steht gleichzeitig für die Frage nach unserem Christsein im Heute.

Wir laden Sie ein, uns durch dieses Buch auf unserem und vielleicht auch Ihrem Weg zu begleiten.

Felix Geyer, Peter Göttke, Stephan Jehle

Wir kommen zusammen

PERSPEKTIVE GOTTES

Stanislav, der tschechische Vertreter beim Fackellauf, beschreibt die Stunden bis zu seiner Ankunft in Rom:

»Gerade war ich noch in Tschechien bei meiner Familie und im nächsten Moment saß ich dann im Flugzeug nach Rom. Irgendwie war mir schon ziemlich mulmig zumute. ›Als einziger von meinem Land – wie wird das sein?‹ Ich war also im Flugzeug – war noch nie zuvor geflogen … Vielleicht war ich auch deswegen so nervös. Und während ich schon auf meinem Platz saß, schoss mir ein Gedanke durch den Kopf: ›Die anderen sind schon zwei Tage vorher in Pompeji losgelaufen, und ich musste bis heute noch im Krankenhaus arbeiten. Werde ich mich in die Gruppe einfinden?‹

Das Flugzeug startete und ich schloss kurz die Augen. Als ich sie wieder aufmachte, wurde mir klar, dass ich den Flug über Zeit hatte, alle Menschen mit auf meine Wallfahrt zu nehmen, die ich hier unter mir zurücklassen musste: Meine Familie, meine Freunde, einfach alle, die mir ihre Sorgen noch mitgeteilt hatten. Für einen kurzen Moment war es, als ob ich die ganze Welt aus einer anderen Perspektive sah. Das Auto unten auf der Autobahn: es fuhr sicher sehr schnell, aber von hier oben sah es so langsam aus.

Von oben wirkt eben alles anders!

Da unten mühen wir uns auf so verschiedene Art und Weise ab und bewegen uns doch nur auf einem so winzigen Fleckchen Erde. Von oben betrachtet wirkt eben alles anders. Vielleicht ist das so mit der Perspektive Gottes. Für uns da unten so groß, wird in einem anderen Blickwinkel alles viel kleiner – und trotzdem nicht weit weg. Schließlich war ich ja immer noch eng verbunden mit all den Menschen und Dingen, die ich von da unten mitgebracht hatte.

Diesen Moment werde ich nie vergessen. Ich war mit meinen Ängsten und Befürchtungen ins Flugzeug eingestiegen und als Ferdinand mich am Flughafen abholte, war ich plötzlich voller Vorfreude, gelassen und zufrieden.«

TETRIS

»Jeden Morgen war es das Gleiche. Einer nach dem anderen kam – die Hände voll mit Schlafsäcken und Isomatten – zur Gepäckbox hinten an unseren großen Reisebus. Ich stand dann auf der Kante der Box und hielt mich mit einer Hand irgendwo fest, während ich mit der anderen die Schlafsäcke auf die oberen Böden schichtete.

Der Busfahrer erzählt:

Eine wackelige Angelegenheit, so hinten an der Ladetür hängend. Und so manches Mal musste ich ganz schön aufpassen, dass ich die Balance nicht verlor.

Nach einigen Tagen hatte ich das System raus, mit dem es dann Morgen für Morgen immer wieder gelang, die Übernachtungshilfen von 84 Fackelläufern so passgenau zu verstauen, dass alles reinging und nichts übrig blieb.

Einmal am Morgen fehlte noch ein Feldbett, das sonst immer unten links hinkam und auch oben bei den leichten Schlafsäcken war noch ein Loch. Ich schaute mich um und tatsächlich kam schon ein Läufer und hatte die Ausreißer dabei. ›Die lagen noch hinten in der Halle und hatten sich nicht gerührt, aber ich habe sie erwischt‹, sagte er grinsend.

Endlich war alles verstaut und die Gepäckbox ging problemlos zu. Der tägliche Kampf war gewonnen!
Plötzlich blitzte es hinter mir. Einer hatte ein ›Beweisfoto‹ geschossen. Als wir es anschauten, stellten wir gemeinsam fest: So unterschiedlich wie unsere Schlafsäcke und Isomatten waren auch wir. Jeder hatte seinen Platz und seine Aufgabe – und wie beim Spiel Tetris ging es darum, dass sich jedes einzelne Teil in das Gesamtbild einfügt, damit kein Loch entsteht.«

Rund 540 Gepäckstücke mussten täglich bewegt werden.

MIT HÄNDEN UND FÜSSEN

Marco erzählt von seiner ersten Etappe:

»Am allerersten Tag in Pompeji saß ich im Läuferbus mit sieben wildfremden Männern aus fünf verschiedenen Nationen. Einer sprach nur Spanisch, ein anderer nur Portugiesisch. Wir Deutsche konnten weder das eine noch das andere. Mein erster Gedanke war: ›Kommunikation absolut unmöglich.‹ Das war schon ein komisches Gefühl.

Vor dem Start mussten wir das erste Läufer / Radfahrer-Team unserer Gruppe mit ihrer Strecke vertraut machen. Das war gar nicht so einfach, wenn man nicht weiß, was ›rechts‹ oder ›links‹ auf Spanisch heißt. Doch trotz aller Schwierigkeiten und trotz der fehlenden Wörter klappte die Kommunikation, wenn auch nur mit Händen und Füßen. Und dann ging es los! Mit der Fackel in der Hand war unser erster Läufer unterwegs. Gleichzeitig haben die anderen im Läuferbus die Ersatzfackel überprüft, die Reihenfolge der Läufer ausgemacht und die nächsten Übergabepunkte festgelegt.

Wir arbeiteten Hand in Hand und verstanden uns blind, sprachen mehrere Sprachen und hatten doch schnell raus, was der andere meinte.

Schon nach kurzer Zeit waren wir ein eingespieltes Team. Jeder hatte seine Aufgabe und kümmerte sich darum, als sei es das Selbstverständlichste auf der Welt. Wir arbeiteten Hand in Hand und verstanden uns blind, sprachen mehrere verschiedene Sprachen durcheinander und hatten doch schnell raus, was der andere meinte. Wir alle hatten unser Ziel vor Augen und gaben unser Bestes. Da war die Sprache letztlich nicht mehr so wichtig.

Was für eine Erfahrung! Ich war in einem fremden Land, in einer fremden Stadt, mit fremden Leuten auf unbekannten Straßen unterwegs und doch hat alles perfekt geklappt, weil wir einander vertrauten, das gleiche Ziel verfolgten und wussten, dass wir es nur gemeinsam schaffen können. Jeder wuchs an diesem Tag über sich hinaus und wir hatten alle das Gefühl, Berge versetzen zu können.«

Wir alle hatten unser Ziel vor Augen und gaben unser Bestes. Da war die Sprache letztlich nicht mehr so wichtig.

Wenn Menschen gemeinsam an einem Strang ziehen, egal ob als Familie, in der Arbeit oder als Mannschaft im Sport – dann werden Berge versetzt.

AUDIENZ OHNE BUSFAHRER

Sebastian berichtet von seinem ersten Tag:

»Mein Busfahrerkollege Christian und ich waren auf dem Weg nach Ulm. Dort haben auch schon – pünktlich wie die Maurer und voller Tatendrang und in Aufbruchstimmung – die ersten Fackelläufer auf ihren Bus gewartet. Schnell war alles eingeladen und es ging in Richtung München. Dort fanden wir das gleiche Bild vor: Noch mehr abenteuerlustige junge Männer. Ich kannte fast niemanden und begegnete zum ersten Mal im Aussendungsgottesdienst dem Geist, der unter diesen Jugendlichen herrschte. Da wurde aus voller Kehle mitgesungen und mitgebetet. Das war ich von zu Hause anders gewohnt. Trotz der fast 1000 Kilometer, die vor uns lagen, war die Nacht und die Fahrt kurzweilig. Wir kamen gut durch und bereits gegen 4.30 Uhr am Morgen standen wir in Rom an der vermeintlichen Endhaltestelle der U-Bahn ›Battistini‹. Hier wollten wir eigentlich unser Gefährt am Busparkplatz stehen lassen, aber den gab es nicht! Weit und breit fand sich keine Möglichkeit, den großen Reisebus den Tag über stehen zu lassen und die notwendige Pause anzutreten, die mir der Gesetzgeber vor einer Weiterfahrt vorschreibt.

›Wer nicht wagt, der nicht gewinnt‹, sagte ich mir und wir fuhren trotz fehlender Genehmigung weiter Richtung Petersplatz. ›Es ist früh am Morgen. Es wird schon schief gehen‹, dachte ich. Wir steuerten also einen Busparkplatz in der Nähe von St. Peter an. Die müden Fackelläufer hielten ihr erstes Frühstück ab.

Ich erkundigte mich währenddessen bei einem Busfahrkollegen. Er bestätigte mir, was ich eigentlich schon ahnte: Wenn wir hier ohne Genehmigung stehen bleiben würden, könnte uns eine Kontrolle mindestens 500 Euro kosten.

Das Risiko wollten wir dann doch nicht eingehen und so steuerte ich den Bus raus aus dem Stadtzentrum nach Belmonte, dem Schönstatt-Zentrum in Rom. Nach kurzer Fahrt kam ich dort gut an und konnte nun endlich den Bus abstellen und die Pausenzeit beginnen. Aber zu der Audienz auf dem Petersplatz schaffte ich es leider nicht mehr.«

Das gehört auch dazu: Opfer bringen für das große Ganze. Einen Schritt zurücktreten, auf die Situation schauen und das tun, was für das Projekt, für die Gemeinschaft notwendig ist. Auch wenn das bedeutet, dass der Busfahrer auf einen persönlichen Moment verzichten muss, auf den er sich eigentlich sehr gefreut hatte.

KABELSALAT

Ein Fackelläufer erzählt beim Frühstück in Rom:

»Als ich gestern Nachmittag meine Isomatte ausgerollt und meinen Schlafsack ausgebreitet hatte, habe ich auch meine Steckdosenleiste an der Kabelrolle neben mir angeschlossen und mein Handy zum Laden eingesteckt. Zwei weitere Handys waren bereits am Laden. Immer wenn ich im Laufe des Abends vorbeikam, sah ich, dass sich das Gewirr der Steckdosenleisten, der Handys und ihrer Kabel wie ein Krake ausbreitete. Als ich ins Bett ging, war ein richtig großes und schier undurchdringlich erscheinendes Netzwerk entstanden, das an vielen Ecken grün oder blau schimmerte und wie ein ›gordischer Knoten‹ aussah.

Nachts wurde ich wach, als die zweite Läufergruppe aufbrach und versuchte, ihre Handys aus dem zähen Gewirr der Kabel zu befreien. Mit etwas Fluchen, Probieren und dem Kabel-zum-Stecker-folgen hatten sie es schließlich geschafft, und ich stellte fest, dass das Netzwerk wieder kleiner wurde. Als ich dann kurz vor dem Frühstück mein Handy holte, war es fast das letzte, das noch am Strom hing.«

Das Kommen und Gehen sowie das Chaos der unterschiedlichen Verbindungen, Kulturen und Ansichten führt immer auch zu Verwechslungen und Schwierigkeiten.
Eine Erfahrung, die viele Menschen machen, wenn sie zum Beispiel am Arbeitsplatz zusammenkommen und dort ein Netzwerk aus Beziehungen und einer gemeinsamen Aufgabe entsteht. Dieses Netzwerk kann dem Einzelnen aber auch Kraft geben und wie eine Ladestation wirken.

❱❱ Wir kommen zusammen

Sternbilder geben Licht in der dunklen Nacht –
obwohl jeder einzelne Stern selbst nur
ein kleines Licht ist, so ergeben sie gemeinsam ein
Bild, das den Menschen Helligkeit liefert.

So wie die vielen Sterne der Sternbilder,
so wollen auch wir in der Gemeinschaft der
Fackelläufer jeder sein Licht leuchten lassen
und gemeinsam zum Licht der Welt werden.

So wie Papst Franziskus, so kommt jeder
von uns von seinem »Ende der Welt«.
Gemeinsam kommen wir im Zentrum der Kirche
zusammen, um von hier aus in ganz neuer Art
und Weise »Kirche auf dem Weg« zu sein.

Das Abenteuer beginnt!

l. o.: Gruppenfoto im Schönstattzentrum Belmonte am ersten Tag.

l. u.: Argentinier und Deutsche grinsend und strahlend vor ihrem ersten Lauf mitten in der Nacht.

r. o.: Ankunft in Pompeji. Tolles Ambiente, doch so wirklich weiß noch niemand, wie es weiter geht.

r. u.: Fahrereinweisung. Wer ist wann dran und was ist alles zu beachten. Das wird bald zur Routine.

 Jeder hatte **seinen Platz** und seine Aufgabe!

l. o.: Irgendwo passt immer noch einer hin. Turnhallen, Klassenzimmer, Priesterseminare und sogar ein ganzes Feriendorf dienten als Übernachtungsorte.

l. u.: Großer Jubel. Der Papst begrüßt die Fackelläufer.

r. o.: Zusammenströmen in Rom.

l. u.: Der Erzbischof Tomaso Caputo von Pompeji übergibt uns das Feuer.

Ich – Ein Original

EISKALTE ZITRONE

Ein Fackelläufer erzählt:

»Schon von Anfang an zwickte meine Achillessehne. Doch als wir in der Unterkunft in Mailand ankamen, tat sie richtig weh. Ich hatte es wohl auf der letzten Etappe übertrieben. Augusto, einer unserer Argentinier, bemerkte mein schmerzverzerrtes Gesicht und fragte in gebrochenem Englisch, ob er helfen könnte. Die Gesprächsfetzen, die ich verstand, ließen mich vermuten, dass sein Vater Physiotherapeut ist.

Da hat jemand eine Begabung, die ihn einzigartig macht, und die er für seine Mitmenschen einsetzt.

Nun stand er vor mir, mit einer halbierten eiskalten Zitrone bewaffnet und machte sich ans Werk. Er rieb mit der Zitronenhälfte die schmerzende Stelle ein. Dann dehnte und massierte er den Muskel und wiederholte diesen Vorgang einige Male. Etwa eine halbe Stunde später schmerzte die Achillessehne deutlich weniger und am nächsten Morgen war sie kaum noch spürbar. Einfach toll!«

»Jede Gabe, die wir von Gott empfangen haben, wurde dazu geschenkt, dass sie anderen nützt!« (1 Kor 12,7) Da hat jemand eine Begabung, die ihn einzigartig macht, und die er für seine Mitmenschen einsetzt.

ENTFLAMMT

»Ich stand bei der Generalaudienz auf der Fläche oberhalb der Freitreppe neben dem Pavillon. Ein toller Platz, so zentral am Geschehen. Wirklich aufmerksam war ich aber trotzdem nicht. Die ganze Zeit kreisten meine Gedanken um die Fragen, ob das mit der Fackel später funktionieren würde, wie lange der Papst sich für mich Zeit nehmen würde und was ich ihm dabei alles erzählen könnte. Dann war die Audienz auch schon zu Ende und der Papst ging an unserem Block die Reihe entlang, um die Leute zu begrüßen und ein paar kurze Worte mit ihnen zu wechseln. Als er näher kam, gab mir der Zeremonienmeister zu verstehen, dass ich die Fackel jetzt entzünden sollte. Gesagt, getan und so stellte ich mich mit ihr in die erste Reihe.

Doch irgendetwas war mit der Fackel nicht in Ordnung. Die Flamme wurde größer und größer. Dann stand plötzlich Papst Franziskus direkt vor mir und ich sagte: ›Wir sind Jugendliche von Schönstatt, die diese Fackel mit ihrem Licht bis nach Koblenz zu unserem Jubiläum tragen wollen.‹ ›Alles zu Fuß?‹, fragte er. In dem Moment tropfte dem Papst heißes, brennendes Öl direkt vor die Füße. Er machte ein erstauntes Gesicht, blieb aber ganz cool und trat nur einen winzigen Schritt zurück. ›Das passiert schon mal – kein Grund zur Sorge‹, sagte ich und antwortete auf seine Frage: ›Ja zu Fuß – und jeder Läufer läuft für ein Anliegen!‹ ›Que grande! – Großartig!‹, sagte er und streckte mir die Hand mit dem Daumen nach oben entgegen. Als ich ihn um den Segen für die Fackel, die Läufer und unser Projekt bat, fasste er mich am Arm und sagte: ›Gerne, sehr gerne!‹

Er segnete die Fackel und zog weiter, dieser Mann, der offenbar keine Angst vor dem Feuer hat.«

Felix erzählt von seiner Begegnung mit Papst Franziskus:

VOLLE KONZENTRATION

Matthias vom Filmteam erzählt:

»Es war die Tagesetappe vor Mailand. Den ganzen Tag über hatte es geregnet. Das Filmen war daher sehr schwierig, weil wir für das teure Equipment immer einen trockenen Platz suchen mussten.

Wir wollten aber trotzdem unbedingt eine Aufnahme haben, in der ein Läufer durch riesige Wasserpfützen läuft. So waren wir auf der Suche nach dem richtigen Setting. In einer Haltebucht fanden wir schließlich alles, was wir wollten. Ich war am Steuer und bin mit meinem silbernen Passat schnell in die Haltebucht gefahren. Da der Läufer nur kurz hinter uns war, musste alles sehr schnell gehen. Magnus und Christopher sind mit Fotoapparat und Filmkamera aus dem Auto gesprungen und ich habe den Passat für das schnelle Weiterfahren taktisch clever ein paar Meter weiter positioniert. Ich war gar nicht erst ausgestiegen und ließ den Motor laufen. Im Rückspiegel sah ich den Läufer näherkommen und in nur wenigen Sekunden durch die Pfütze und am Auto vorbeizischen. Als ich wieder in den Rückspiegel schaute, sah ich gerade noch, wie meine beiden Kameraleute in einen silbernen Ford einstiegen, der ein paar Meter hinter uns gehalten hatte. ›Vielleicht waren die Leute ja interessiert an dem, was wir da machen, und sie erklären ihnen womöglich, was der Fackellauf ist‹, dachte ich. Es dauerte keine drei Sekunden, bis die beiden wieder ausstiegen.

Ein Zeichen für Engagement und persönlichen Einsatz mit ganzem Herzen.

Als sie bei mir im Auto saßen, erzählten sie, was passiert war. Sie seien so konzentriert hinter ihren Linsen gewesen, dass sie sofort, nachdem der Läufer an ihnen vorbeigezogen war, ihre Sachen gepackt und sich ins nächste, und damit ins falsche Auto gesetzt hätten. Der ältere Italiener am Steuer und seine Mitfahrerin seien ziemlich verdutzt und erschrocken gewesen, als die zwei jungen Männer mit ihren Kameras in ihr Auto stiegen. Es dauerte etwas, bis wir uns vom Lachen beruhigt hatten und weiterfahren konnten.«

Begeisterung und Leidenschaft können unsere ganze Konzentration in Beschlag nehmen. Ein Zeichen für Engagement und persönlichen Einsatz mit ganzem Herzen.

Es entstanden in den zehn Tagen fast 100 Stunden Filmmaterial.

WO IST DER PATER?

Alexander erzählt:

»Wir waren gerade auf unserer Etappe mitten durch die Schweiz, als wir in einer Stadt einen Läufertausch vornehmen wollten. Ich erklärte Pater José María den Weg auf seinem Tablet. Er schien meinem gebrochenen Spanisch folgen zu können, und ich dachte mir, dass nicht viel schief gehen konnte. Wir hatten außerdem vor, an den beiden schwierigen Stellen auf ihn zu warten. Als der Läufer dann kam, tauschten sie schnell die Fackel und Pater José María lief los. Wir schlenderten tiefenentspannt zu unserem Läuferbus zurück. Dann fuhren wir ihm hinterher, um bei einer schwierigen Abzweigung auf ihn zu warten. Aber auf dem Weg, den wir abfuhren, tauchte er nicht auf und das, obwohl er eigentlich nur hätte geradeaus laufen müssen. Wir versuchten ihn auf dem Handy zu erreichen – keiner ging ran. Dann fuhren wir zum geplanten Übergabepunkt und versuchten dort unser Glück. Pater José María hatte ja sein Tablet dabei und hätte eigentlich dorthin finden müssen. Doch er war nicht da. Wir teilten uns auf und gingen einige Nebenstraßen ab. Als wir uns wieder am Bus versammelten, kam Mathias ganz aufgeregt auf uns zu. ›Hört mal, es hat eben ein Sprinter-Fahrer bei mir gehalten und mir gesagt, dass ein Fackelläufer auf der Schnellstraße in genau die entgegengesetzte Richtung unterwegs ist.‹ Keine zwei Sekunden später saßen wir im Auto und fuhren zur Schnellstraße. ›Oh je, der argentinische Pater auf einer Schweizer Autobahn‹, dachte ich, als das Handy klingelte. ›Hallo, ich bin es, Pater José María. Ich war falsch, bin aber jetzt am Ausgangspunkt.‹ Ich war erleichtert und sagte ihm, er solle dort warten, wir würden zu ihm fahren.

Läufer und Radfahrer gingen rund 27 mal verloren. Wurden aber immer wieder gefunden.

Nach insgesamt 45 Minuten fanden wir unseren Pater wieder, der – immer noch mit dem Tablet, der Fackel in der Hand und mit einem breiten Grinsen im Gesicht – an uns vorbeijoggte, als wäre nichts gewesen.«

ZURÜCKGEBELLT!

»Die letzte Etappe lag vor uns. Wir 84 Fackelläufer standen am Rhein in Koblenz und warteten darauf, dass die Polizei die Straße freigab, um miteinander die letzten sieben Kilometer mit der Fackel bis nach Schönstatt zu laufen. Jeder zog ein Anliegen und wir machten noch ein Abschlussfoto.

Ein Fackelläufer erzählt von einer tierischen Begegnung:

Da kam ein Ehepaar mit einem kleinen Hund, naja eigentlich einem sehr kleinen Hund, vorbeispaziert. Vielleicht lag es an unseren gelben Warnwesten, aber plötzlich kläffte das Tier los. Als der Hund auch nach mehreren Minuten nicht mehr aufhörte, dachte ich mir: ›Das kann ich auch!‹ Ich warf mich auf den Boden und ging auf alle Viere. Ich fixierte den Hund und bellte ihn an. Ich hatte erwartet, dass der Hund so erschrocken oder verwirrt wäre, dass er sein Gejaule beenden würde. Doch stattdessen kläffte er zurück. Nach meinem dritten Gegenbellen schaute ich kurz auf und merkte, dass alle anderen Läufer in einem großen Kreis um uns herum standen. Es war ein riesiges Gelächter. Ich konnte mich selbst kaum einkriegen, als ich mir vorstellte, wie komisch es aussehen muss, wie ich den Hund anbelle.
Es gab viele lustige Situationen während des Laufs, aber diese kuriose Aktion mit dem Hund dort am Rhein werde ich so schnell nicht vergessen.«

Zurückbellen – darauf muss man erst einmal kommen! Originelle Persönlichkeiten sind einfach notwendig in unserem Leben und erinnern an ein Wort P. Josef Kentenichs, Gründer der Schönstattbewegung: »Alle Menschen werden als Originale geboren – leider sterben viele als Abziehbilder!«

» Ich – ein Original

Immer wieder spricht Gott zu Menschen
wie dir und mir und sagt zu uns:
»Du bist wertvoll!«

Er ist der Künstler, der in jedem einzelnen
Menschen ein Original erschafft.

Es ist sein Gedanke, der in dir steckt – deshalb
gibt es Dinge, die niemand tun kann, außer dir.
Deshalb gibt es einen Streckenabschnitt, den
niemand geht, nur du selbst.

Dieser Weg hat einen Namen: Deinen!

Ihn immer mehr zu entdecken und immer
deutlicher zu erkennen, was alles in dir steckt,
das heißt: den Gedanken zu entdecken, den
Gott von dir hat. Entdecke einen Ausdruck für
das »Wozu« deines Lebens.

l. o.: Segen und »Thumbs up« für die Fackel und ihren Weg!

l. u.: Wir liefern!

r. o.: Nur eine auf dem Bild lacht nicht: Maria!
r. o. im Ernst: Begeisterung und Lebensfreude, über alle Grenzen hinweg.

r. u.: Wem steht die Brille besser?

l. o.: »Kann ich schon los?«

l. u.: Da ist Fingerspitzengefühl gefragt. Magnus beim Fliegen der Drohne für Filmaufnahmen aus der Luft.

r. o.: Ihm war der Sattel zu hoch eingestellt …

r. u.: Nette Leute, tolle Stimmung und das in Rom: Einfach Top!

Wachstum — Unterwegs zu mir

SCHWEINEHUND ÜBERWINDEN

Nach dem Lauf erzählt Simon von einer Erfahrung, die ihn für lange Zeit tief geprägt hat:

»Die Königsetappe, den Berg rauf! Davor hatte ich schon vor dem Fackellauf großen Respekt und wollte diese Erfahrung auch unbedingt machen. Ich hatte ein ganz besonderes, privates Anliegen im Kopf, für das ich diese Etappe laufen wollte. Es klappte auch alles und ich war tatsächlich einer der acht Läufer, die für den Gotthardpass eingeteilt wurden.

Zwei Tage vorher musste ich mir aber bei dem vielen Regen etwas eingefangen haben und eine Erkältung legte mich erst einmal flach, sodass ich sogar den Besuch in Pisa sausen lassen musste. Trotz voller Dosis Aspirin und der argentinischen Polenta wusste ich nicht, ob ich laufen kann. Ich wollte jetzt nicht den Kopf hängen lassen und mir einreden, dass es einfach nicht möglich war. Ich konnte die Gelegenheit auf die ich so lange gehofft hatte nicht wegen einer Vorsichtsmaßnahme auslassen. Euphorisiert von der genialen Stimmung, der spanischen Messe und natürlich dem Fünf-Gänge-Menü in Mailand ging es mir dann am Abend vorher wieder etwas besser. Am nächsten Morgen, es war der Tag des Berges, stand ich dann mit Kopfweh und Halsschmerzen auf. Ich sagte nichts. Stieg trotz allem in den Läuferbus und war einfach nur froh, dabei zu sein.

Ich konnte die Gelegenheit auf die ich so lange gehofft hatte nicht wegen einer Vorsichtsmaßnahme auslassen.

Trotz meines eigenen Anliegens, zog ich noch ein weiteres aus dem Ordner. Darin ging es um Wachstum in einer Beziehung. Wachstum, genau das war es, was ich mir auch selbst beweisen musste. Dass ich stark genug war, um den inneren Schweinehund zu besiegen. Ich wollte einfach nur rennen und am liebsten die Fackel gar nicht mehr abgeben, einfach weiter bis mir einer das Ding wieder wegnimmt. Und so machte ich meine Meter im nasskalten Wetter der Schweizer Berge. Dann ging die Fackel aus, doch das störte mich nicht. Es war nicht einfach, die läuferische Motivation zu drosseln und eine kurze Pause in Kauf zu nehmen, um die Fackel am Sicherungslicht wieder zu entzünden. Erst als mir einer der anderen Läufer zurief: ›Hey, es geht hier nicht um dich, sondern um das Feuer!‹, fiel der Groschen bei mir. Ich erkannte, dass Geschwindigkeit nicht alles ist und zum Wachstum auch die Gruppe und das gemeinsame Ziel gehören. Denn es war nicht so wichtig, dass da jemand rennt, sondern dass da jemand das Licht für einen anderen Menschen trägt. Wenn ich jetzt nach dem Lauf an diesen Tag zurückdenke, verbinde ich das mit persönlichem Wachstum. Und ich denke, dass ich dem Anliegen, das ich gezogen habe, am besten entsprechen konnte.«

Ich wollte einfach nur rennen und am liebsten die Fackel gar nicht mehr abgeben.

In jeder Hinsicht den inneren Schweinehund überwinden: Den, der mir sagt: du schaffst das nicht, genauso wie den, der mir sagt: du kannst das alles alleine und brauchst die anderen nicht. Auf dem Weg zu uns selbst lernen wir immer wieder unsere eigenen Grenzen zu überwinden und neue kennenzulernen.

MITTEN IM STURM

Ein Fackelläufer erzählt:

»Es tat einen riesigen Schlag. Ich schreckte aus dem Schlaf auf. Ein heftiger Blitz zuckte vor dem Fenster, begleitet von dröhnendem Donnergrollen und einem Wind, der die Fensterläden im Sekundentakt auf- und zuschlug. Der Blick auf die Uhr verriet mir, dass es sich nicht mehr lohnte zu schlafen. In 20 Minuten sollte unsere Etappe beginnen. Auch die anderen saßen wach auf ihren Betten. Ein Wecker war bei dem Sturm wirklich nicht nötig.

Aufgeben kommt nicht in Frage, ich habe mein Anliegen schon gelesen.

Gepackt war schnell und ich trat vor die Tür. Zweifel kamen auf. Wir befanden uns mitten im Zentrum des Sturms. Bis wir am Läuferbus ankamen, waren wir bereits alle pitschnass. Alle sieben Läufer dachten dasselbe: ›Laufen wir wirklich bei dem Wetter?‹ Einer sagte: ›Aufgeben kommt nicht in Frage, ich habe mein Anliegen schon gelesen. Die Fackel muss weitergehen.‹ Das weckte etwas Kampfesmut, aber die nasse Hose klebte trotzdem an den Beinen.

Beim Einladen der Sachen in den Bus merkten wir, wie der Sturm schwächer wurde und in normalen Regen überging. Als ich meine Schnürsenkel festzog, wurde mir klar, dass der Regen ganz aufgehört hatte. Die Fackel brannte und Mariano spurtete mit der Fackel in der Hand los. Es war ein Wahnsinnsgefühl und es stimmte: ›Wir geben nicht auf und die Fackel geht weiter!‹«

Stürme kommen und gehen, ob bei der Arbeit oder in der Familie. Dann heißt es festhalten und nicht unterkriegen lassen, den Weg weitergehen. Oft gehen die schwierigen Zeiten so schnell und plötzlich vorüber, wie sie gekommen sind.

SCHWERE STRECKE

»Um 16.22 Uhr übernahm ich die Fackel von Juan. Es war sehr heiß auf den kleinen Landstraßen. Hin und wieder schaute das Filmteam vorbei, um Aufnahmen zu machen. Die Landschaft mit italienischen Landhäusern, Platanen und großen Kiefern ließ bei mir Urlaubsstimmung aufkommen. Doch das änderte sich schlagartig, als die Landstraße endete und ich auf eine Schnellstraße wechseln musste. Die Hitze, der Verkehr, die Abgase – all das machte mir ziemlich zu schaffen. In dieser Situation half mir das Anliegen, das ich gezogen hatte. Den Menschen aus meinem Anliegen ging es viel schlechter als mir. Ich hatte hier nur die Hitze und den Verkehr zu ertragen. Die hatten mit viel größeren Problemen zu kämpfen.

Ein Läufer erzählt von einem Erlebnis auf der Strecke von Rom nach Castiglione:

Nach einigen Kilometern konnte ich trotzdem fast nicht mehr und wollte aufgeben. Ich rief dem Radfahrer zu: ›Wenn nicht gleich der Läuferbus zu sehen ist, muss ich aufgeben. Ich kann echt nicht mehr!‹ Kaum ausgesprochen, tauchte der Läuferbus in der Ferne auf. Ich dachte noch einmal an das Anliegen und holte meine letzten Kraftreserven hervor. Ich schaffte diese Strecke.

In dieser Situation half mir das Anliegen, das ich gezogen hatte.

Während des Fackellaufs kam ich an Orte, an denen ich noch nie war, traf Menschen, die ich vorher nicht kannte und die mir wichtig wurden. Ich erkannte Seiten und Grenzen an mir, von denen ich vorher nichts wusste. Ich durfte ein Stück über mich hinaus wachsen.«

NAJA, SO GROB

<small>Jonas erzählt von einer Situation während des Laufs, in der er kurz die Orientierung verloren hat... oder etwa doch nicht?</small>

»Sonnenaufgang vor den Mauern Roms. Langsam ging die Etappe ihrem Ende zu und die Müdigkeit und die feuchte Kälte der Nacht wichen der aufkommenden Wärme. Leider war dieser Eindruck nur von kurzer Dauer. Denn kaum passierten wir die Stadtgrenze: Berufsverkehr! Überall Roller, Autos und Lastwagen. Der Begleitbus steckte sofort fest. Wir mussten uns dann einfach auf unser inneres Gefühl verlassen. Also sagten wir Felix, der sich in Rom wenigstens ein bisschen auskennt, dass er den Weg durch die Stadt nehmen soll. Felix und ich also los – er mit der Fackel und ich auf dem Fahrrad – mitten durch das römische Chaos. Überall Stimmengewirr, Lärm und Hupen. Wir schlängelten uns mit der Fackel an den ganzen Leuten vorbei. Mit dem Feuer in der Hand waren wir eine ziemliche Attraktion. Den Bus hatten wir recht schnell hinter uns gelassen.

Wir mussten uns dann einfach auf unser inneres Gefühl verlassen.

Nach einer gewissen Zeit fing dann das Tablet an zu spinnen. Mitten in der Stadt, mitten im Chaos zeigte es plötzlich den Weg nicht mehr an. Ein paar Mal hielten wir an, um uns zu orientieren. Dann sagte Felix, ich solle ihm einfach folgen. Als ich ihn fragte, ob er den Weg kennt, meinte er: ›Naja, so grob die Richtung.‹ Nach etlichen Straßen und Fußgängerwegen voller Römer, die alle auf dem Weg zur Arbeit waren, kamen wir im Zentrum an und mussten am Treffpunkt sogar noch über eine halbe Stunde auf den Begleitbus warten.«

Den Weg zu finden ist nicht leicht. Und dazu noch den richtigen. Das ist eine Kunst, die wir Menschen immer wieder neu lernen müssen. Ein Navigationsgerät mag dabei helfen, solange es um Straßen und Autobahnen geht. Wenn man das Bild auf den Lebensweg überträgt, sieht das ganz anders aus. Auch da orientieren wir uns oft an Stimmen von außen, an der Stimme von Eltern, Freunden und Lehrern. Doch wenn diese Stimmen uns nicht weiterhelfen oder sich widersprechen, dann gilt es, in sich selbst hineinzuhören. »Naja, so grob« steht hier für eine Entscheidung: Die Entscheidung sich auch auf ungenaue und wenig sichtbare Wege einzulassen, es zu wagen seiner inneren Stimme zu folgen und seinen eigenen Weg zu gehen. Einfach mal die Richtung einschlagen, in der man das Ziel vermutet, und mit Gottvertrauen einen Schritt nach dem anderen setzen: Mut zum Wagnis!

Den Weg zu finden ist nicht leicht. Und dazu noch den richtigen.

WER NICHTS MACHT

Der busfahrende Pfarrer erzählt von seinem Mailänder Abenteuer:

»Wenn man mit einem 40-Tonner oder einem Bus von 15 Metern Länge unterwegs ist, ist es normalerweise so, dass das anzufahrende Ziel auch für solche Fahrzeuge ausgelegt und geeignet ist – nicht so hier bei unserem Fackellauf! Die Unterkünfte, in denen wir übernachteten, wie Schulen, Jugendzentren oder Turnhallen werden in der Regel nicht von Bussen angesteuert. So musste ich also oft mein ganzes Können unter Beweis stellen und in Millimeterarbeit mein Fahrzeug rangieren. An manchen Ecken, an denen es richtig eng geworden war, musste ich an meinen Vater denken, der mir oft gesagt hatte: ›Mit allem, was Krach macht und groß ist, hast du schon immer umgehen können.‹ Nun ja, das stimmte ja auch ... bis zum Eintreffen an unserer Unterkunft in der Nähe von Mailand. Es regnete, was das Zeug hält. Schon allein durch die Besichtigung der Örtlichkeit und die Suche nach der Einfahrt war ich pitschnass. Meine Einschätzung war: Es geht – das Tor ist groß und breit genug! Gang rein und Gas! Dann war es passiert – ein Fahrfehler von mir! Ich hatte einen Moment zu früh am Lenkrad gedreht und war deswegen mit dem Heck des Busses am Torpfosten hängen geblieben.

Die Folge: Rücklicht kaputt – ein faustgroßes Loch im angebauten Skiträger, in dem unsere Schlafsäcke und Isomatten transportiert wurden. Pech! Passiert ist passiert! Mit Panzertape flickten wir das Loch notdürftig. Am Tag darauf rief ich meinen Chef an und beichtete ihm das Unglück. Ich hatte einen kleinen Anschiss befürchtet. Doch er sagte: ›Wer nichts macht, macht auch nichts falsch! Mach dich nicht verrückt. Gute Fahrt noch!‹ Das hatte ich nicht erwartet.«

Da nimmt einer die Luft heraus und dramatisiert nicht. So eine Reaktion ermutigt angstfrei durchs Leben zu gehen und sich auch auf schwierige Situationen einzulassen.

WIR SIND BLIND

Stephan erzählt:

»Als Marco und ich durch Neapel rannten, hatte das Tablet im Auto plötzlich keinen Akku mehr – und die Handys kein Netz. Wir waren blind. Ich mühte mich auf dem Fahrrad auf Pflastersteinen den Berg hoch. Marco, im dichten Verkehr mit der brennenden Fackel, klebte stets an meinem Hinterreifen. An den Kreuzungen blieb mir nicht einmal die Zeit, mich für eine Richtung zu entscheiden, ohne eine kurze Pause der Fackel in Kauf zu nehmen. Und so mussten wir einige Male trotzdem von unserem Motto ›Ein Fackelläufer bleibt niemals stehen‹ abweichen. Hilflose Blicke nach links und rechts. Ratlose italienische Passanten, die uns ungewollt, aber wild gestikulierend in die falsche Richtung geschickt hätten.

Zu allem Überfluss nahm unser Begleitfahrzeug auch noch die falsche Abfahrt und irrte auf der Autobahn umher. Die ein oder andere leichte Beschimpfung lag mir auf den Lippen und es dauerte einige Zeit, bis ich mich wieder auf unsere Situation konzentrieren konnte. Mir blieb nichts anderes übrig. Marco zählte auf mich und da ich schon letztes Jahr bei der Abfahrt der Strecke in Neapel war, lag es an mir, eine Entscheidung zu treffen. Ich verließ mich auf meine Erinnerung und wählte die Straße links. Erst nach einigen Kilometern auf frisch geteertem Asphalt – er war noch heiß und meine Reifen hätten das fast nicht mitgemacht – war ich mir sicher: Wir sind richtig. Ungefähr eine Stunde lang waren wir so alleine unterwegs, Marco immer hinter mir. Seine Anwesenheit gab mir das Gefühl von Verantwortung ihm und dem ganzen Projekt gegenüber. Dadurch fühlte ich mich sicherer in meinen Entscheidungen.«

Jeder kommt in seinem Leben mal an einen Punkt, an dem er alleine dasteht. Eine Aufgabe oder ein konkretes Ziel können dabei helfen, sich dann zu entscheiden. Und im Vertrauen auf Gott finden wir die Kraft, an unsere eigenen Stärken zu glauben.

AUF UMWEGEN

Raphael erzählt von seiner ersten Fahrt durch Neapel:

»Ich durfte bei der ersten Etappe beim Aufbruch von Pompeji dabei sein. Autofahren macht mir einfach Freude, je komplizierter und kurvenreicher die Strecke, desto besser. Also meldete ich mich als Fahrer für den Weg durch Neapel. Wir mussten mitten durch die Stadt und den Weg kannte niemand so genau. Die Tablets waren nicht richtig geladen und gingen ständig wieder aus und wir mussten mit einer ausgedruckten Karte irgendwie den Weg finden. Anfangs hatte ich noch versucht dem Gewirr der Straßen zu folgen, doch schnell war klar: ›Ich muss hier meinem Beifahrer und dessen Navigationskünsten einfach blind vertrauen.‹

Der Verkehr in der Innenstadt wurde immer dichter, und ich versuchte so schnell es ging durch das Gewimmel von Rollern, Kleinwagen und Lieferautos zu kommen. Der Läufer und der Radfahrer waren bei dem Schneckentempo, mit dem wir vorankamen, immer nur kurz hinter uns. An einer komplizierten Stelle warteten wir dann, um kurz die nächste Strecke zu besprechen. Der Fußweg führte dort eine lange Treppe hoch und durch einen Park, wobei die Straße einen größeren Bogen machte. ›Ich trage das Fahrrad die Treppe rauf und wir treffen uns dann oben und können dort wechseln‹, sagte Stefan, nahm das Rad Huckepack und schon rannte er los. Marco mit der Fackel lief hinter ihm her. ›Alles einsteigen‹, schrie ich und schon ging's weiter, einen kleinen Berg rauf und dann laut vermutetem Straßenverlauf – das Tablet hatte gerade wieder einen Aussetzer – rechts abbiegen.

Doch nach ein paar Metern kamen wir an eine Unterführung und plötzlich standen wir an einer Mautstation für die Autobahn, die hier unerwarteter Weise in der Nähe des Stadtzentrums ihren Anfang nahm. Wir waren also falsch, und Stefan und Marco liefen alleine mit der Fackel irgendwo durch Neapel, ohne Handys, dafür mit Fahrrad und Fackel. Umkehren ging nicht, also bezahlten wir und fuhren auf die Autobahn. Zum Glück kam bald wieder eine Ausfahrt und wir konnten wenden, bezahlten noch einmal und fuhren den Weg zurück.

Die heiße und staubige Luft im Bus war voll unausgesprochener Ratschläge, was wohl der richtige Weg gewesen wäre. So zumindest interpretierte ich die gedrückte Stimmung und das Schweigen meiner Mitfahrer. Als Fahrer fühlte ich mich irgendwie verantwortlich für alles, was passierte, und mittlerweile waren Marco und Stefan bestimmt 15 Minuten länger unterwegs und das, obwohl sie schon den ganzen Weg durch Neapel hinter sich hatten. Doch es half ja alles nichts und wir mussten irgendwie weiter. Mit Hilfe von Giuseppe, unserem Italiener, den wir zum Glück mit an Bord hatten, erfragten wir uns den Weg ungefähr in die Richtung, in der die beiden wohl gelaufen waren.

Nach einer Ecke schließlich erspähten wir die Warnwesten unserer beiden Läufer. Das war die Erleichterung pur! Wieder auf dem richtigen Weg und wieder alle zusammen! Ein geiler Moment!«

Wachstum – Unterwegs zu mir

Jeder lange Weg beginnt mit dem ersten Schritt, wie wir es beim Laufen jeden Tag erleben.

Das gilt auch für den Weg zu mir selbst – zum Ziel meines Lebens.

Er beginnt mit dem ersten Schritt – und er beginnt jetzt!

Lassen wir viele weitere Schritte folgen!

l. o.: Beim Warten auf dem Petersplatz gibt es immer was zu entdecken.

l. u.: Manchmal braucht der richtige Weg einen genaueren Blick.

r. o.: Der Regen war kein Problem, Hauptsache das Feuer brannte.

r. u.: Auftanken, dass es weitergehen kann: Es waren sieben Fackeln im Einsatz und es wurden rund 24 Liter Öl verbrannt.

l. o.: Nass, aber glücklich: Immer weiter!

l. u.: Auf steinigen Straßen durch die Schweizer Berge.

r. o.: Der Padre mit Fackel und Tablet.

r. u.: Vergiss den Helm nicht!

Herausforderung

ZUGEPARKT

Felix erzählt von einer kuriosen Situation in Pompeji:

»Auf dem Weg zum Bus klingelte das Handy: ›Wo bist du? Der Bus ist zugeparkt. Wir kommen hier nicht weg!‹ ›Bin unterwegs!‹, sagte ich nur. Wie automatisch beschleunigten sich meine Schritte. Mit Taschen und Rucksäcken behangen, spurtete ich über den Platz vor der Basilika. Bei meiner Ankunft am Parkplatz kam Sebastian, unser busfahrender Pfarrer, mit einer Zigarette in der Hand auf mich zu. Der Ton seiner Stimme ließ mich vermuten, dass das nicht die erste Beruhigungszigarette war. ›Ich habe alles versucht. Vorwärts, rückwärts – keine Chance.‹ Sichtlich bemüht ruhig zu bleiben, erklärte er mir das Problem: ›Wir könnten zurückfahren, aber da stehen mindestens zwei Autos im Weg, so dass wir nicht um die Kurve kommen. Oder wir fahren einmal vorwärts um den ganzen Parkplatz herum und dann die andere Seite entlang. Aber dort sind die Bäume auf einer Seite zu niedrig und die andere Straßenhälfte ist trotz Halteverbot zugeparkt.‹

Zugeparkt und gefangen und das am ersten Tag!

Zugeparkt und gefangen und das am ersten Tag! Ein Alptraum. Wie bei der Nachricht von einer misslungenen Semesterprüfung wurde ich von einem Gefühl übermannt, das irgendwo zwischen Hoffnungslosigkeit und Panik schwankte.

Und dann entschieden wir uns, aktiv zu werden: Offensives Warten. Sobald ein Auto wegfuhr, nahmen Läufer dessen Parkposition ein. Jeder Parkplatz, der einmal erobert war, wurde nicht mehr hergegeben. Als ich gerade mit zwei Italienern diskutierte, die einen begehrlichen Blick auf freigewordene Plätze warfen, hörte ich einen Jubel hinter mir. Das letzte Auto, das uns noch den Weg versperrte, verließ soeben den Parkplatz. Wir waren frei!«

Manche Dinge brauchen Geduld, Zeit und viele kleine Schritte, bevor sich etwas oder jemand wieder frei bewegen kann. So wie bei Andi, der unbedingt Medizin studieren wollte. Da sein Notenschnitt für eine direkte Immatrikulation nicht ausreichte, entschied er sich für das Offensive Warten. Er wurde Rettungssanitäter und machte etliche fachspezifische Fortbildungen, bis er nach einigen Jahren endlich zum Studium zugelassen wurde.

MIT LETZTER KRAFT

Jürgen erzählt von seinem schönsten Erlebnis:

»Ich wollte unbedingt bei der Läufergruppe dabei sein, die an meinem Heimatheiligtum in Merzhausen mit der Fackel einläuft. Leider war ich nicht für diese Etappe eingeteilt; deshalb sprach ich im Vorfeld Philipp an, ob denn die Möglichkeit bestünde, trotzdem bei der letzten Gruppe mitlaufen zu dürfen. Noch in der Nacht vor der Etappe blieb ich im Ungewissen, doch beim Frühstück sagte mir Philipp, dass ich dabei sein kann.

Wir flogen förmlich dahin und wurden immer zuversichtlicher, dass wir es noch schaffen würden.

Wir kamen als letzte Gruppe sehr spät weg, da sich die Übergabe der Unterkunft in Brunnen etwas schwierig gestaltete. Gerade noch rechtzeitig kamen wir dann in Bad Säckingen an, wo Weihbischof Michael Gerber nach einem Mittagsgebet seine Etappe mit der Fackel startete. Direkt nachdem der Bischof losgelaufen war, machten wir uns zu unserem Übergabepunkt auf. Auf dem Weg dorthin, noch in Bad Säckingen, begegneten uns Michael mit der Fackel und David auf dem Fahrrad, allerdings waren die beiden in der falschen Richtung unterwegs: Das war kein gutes Zeichen.

Am Übergabeort angekommen erfuhren wir dann, dass die Gruppe vor uns im Schilderwald deutscher Wanderwege viel Zeit verloren hatte. Wir wussten, dass es jetzt sehr knapp werden würde. Für 19 Uhr war doch der Gottesdienst in der Pfarrkirche von Merzhausen geplant, und davor sollte die Fackel noch ins Heiligtum kommen.

Wir entschieden uns zurückzufahren, um die anderen Läufer vielleicht irgendwo auf der Strecke anzutreffen. In einem Ort mitten im Schwarzwald warteten wir am Straßenrand. Plötzlich kam Stephan mit der Fackel aus dem Wald gerannt, völlig außer Atem und ohne Begleitung. Wir schickten sofort Stanislav aus unserer Gruppe als Ersatzläufer los. Nach kurzer Zeit tauchten das verschollene Begleitfahrrad und auch der andere Läuferbus auf – sie hatten sich verloren. Wir holten unseren Läufer ein und übernahmen dann als Läufergruppe mit einer Stunde Verspätung die Fackel.

Wir waren ein tolles Team, und gemeinsam versuchten wir die verlorene Zeit aufzuholen. Bei der Anstrengung bekam ich auf einmal starke Schmerzen im Knie, weshalb ich auf das Fahrrad umsteigen musste. Wir kamen gut voran, flogen förmlich dahin und wurden immer zuversichtlicher, dass wir es noch schaffen würden. In Merzhausen parkten wir Bus und Fahrrad und liefen alle gemeinsam mit der Fackel hinauf zum Heiligtum. Mein Knie schmerzte sehr, und ich musste wirklich alles geben, um zusammen mit der Gruppe anzukommen.

Wir waren ein tolles Team, und gemeinsam versuchten wir die verlorene Zeit aufzuholen.

Der Vorplatz des Heiligtums war übervoll mit Menschen, der Empfang und die Freude waren überwältigend. Jubelnd und klatschend wurden wir und die Fackel empfangen. Vorbei an Freunden und Bekannten, vorbei an meiner ganzen Familie trugen wir die Fackel ins Heiligtum, um uns zu bedanken: Wir hatten es geschafft noch rechtzeitig anzukommen!«

WELCHE HUNDE?

Julian erzählt von einer unheimlichen nächtlichen Begegnung:

»Bei der zweiten Tagesetappe in den frühen Morgenstunden war ich Fahrer. Das Navi manövrierte uns durch das nächtliche Italien und Meter um Meter ging es Richtung Norden. Blind vertrauten wir dem vorgegebenen Weg auf dem Tablet. Plötzlich endete die Asphaltstraße. Ich trat auf die Bremse. Das was da vor uns lag, konnte man auch für italienische Verhältnisse höchstens als Feldweg bezeichnen. Egal. Gas geben und durch. Wir wiesen den Läufer und den Fahrradfahrer an, uns zu folgen. Es wurde aber nicht besser und der Feldweg glich nun eher einem Ziegenpfad. Im Bus kamen Diskussionen auf: ›Weiter fahren? Oder besser umkehren, bevor wir uns noch tiefer in die Scheiße reiten?‹ Da das Wenden mittlerweile auch fast unmöglich war, blieb nur eines: Immer vorwärts! Es war ein Höllentrip. Ich lenkte das Auto durch kratergroße Schlaglöcher und Schräglagen. Einer brüllte: ›Alle auf die rechte Seite.‹ Mit etwas Glück und Geschick gelang es mir, dass die Insassen und der Bus unbeschadet blieben. Mittlerweile war es im Bus totenstill. Die Anspannung war einfach zu groß. Als wir die Hoffnung schon fast aufgegeben hatten, sahen wir vor uns eine Lichtung mit einem besser befahrbaren Weg. Doch vor uns bewegten sich plötzlich schwarze Gestalten. Mitten im Wald, mitten in der Pampa.

Da übernimmt jemand die Führung dem man es nicht zugetraut hätte.

Beim ersten Bellen war klar: Nicht nur wir hatten die wilden Hunde bemerkt, sondern die Hunde uns auch! Ungefähr 30 freilaufende und spürbar aufgebrachte Hunde kamen näher. ›Franco. Los jetzt! Steig in den Bus!‹, schrie Stephan neben mir aus dem Fenster raus. Im Bus hatte wohl jeder die Hosen voll und ich versuchte, mich so gut es ging auf den Weg zu

konzentrieren. Franco aus Argentinien beeindruckte die ganze Aufregung wenig. Er umfasste die Fackel etwas fester und rannte an der offenen Bustür vorbei, direkt auf die Hunde zu. Mir fiel die Kinnlade runter.
Eigentlich sollten wir ja den Weg finden, doch von da an zeigte uns dieser mutige Argentinier mit der Fackel in der Hand, wo es lang ging.«

Da übernimmt jemand die Führung dem man es nicht zugetraut hätte. War es Leichtsinn? War es Mut? Mich beeindrucken Beispiele von Menschen, die sich nicht von der Angst lähmen lassen, sondern gerade in solchen Momenten die Führung übernehmen. Bis dahin eher unscheinbar, tritt Franco in Aktion, als er gebraucht wird.

»Als ich Franco später darauf ansprach, sagte er nur mit einem breiten Grinsen: ›Welche Hunde?‹«

KEIN QUARTIER

„Endlich mal Ruhe", erzählt Felix:

»Ich saß neben Sebastian, dem Busfahrer, auf der Treppe unseres Busses und ließ mir die Aufregungen unseres ersten Morgens noch einmal durch den Kopf gehen. ›Es läuft!‹, dachte ich mir, als mein Handy klingelte. Ferdinand, der mit der Kochausrüstung schon etwas früher zum nächsten Übernachtungsort aufgebrochen war, sagte am anderen Ende: ›Wir haben kein Quartier für heute Nacht!‹ Der Ton seiner aufgeregten Stimme zeigte mir, dass er mich nicht auf den Arm nehmen wollte.

›Wie? Was? Was ist los?‹, stammelte ich ins Telefon, während ich Sebastians besorgten Blick wahrnahm. Wir waren hier in Italien mit 84 Mann unterwegs und hatten dazu noch einen engen Zeitplan, schließlich sollte die Fackel ja ankommen. Das war zumindest das erklärte Ziel.

Es folgte ein Anruf nach dem anderen. Ich wurde weiterverbunden und sollte später nochmal anrufen. ›Wann später?‹, fragte ich mich. Der erste Läuferbus mit müden und verschwitzten Läufern sollte bald dort eintreffen. Also machte ich mich schnell daran, alle möglichen Leute anzurufen, die helfen könnten Notfallpläne zu schmieden.

Nach einem längeren Gespräch mit der Sekretärin des Quartiers wurde langsam klar, was passiert war: Die Terminabsprache war einfach schief gegangen. Trotz eines Telefonates am Vortag rechnete dort niemand mit unserer Ankunft vor morgen. Die Turnhalle, in der wir schlafen sollten, war noch belegt. Völlig gelassen reagierte Don Gaetano, der Verwalter der Einrichtung, als ich nach unzähligen Versuchen endlich zu ihm durchkam: ›Keine Ahnung, was da passiert ist. Aber kommt ihr zurecht, wenn ihr erst heute Abend in die Halle könnt?‹

›Nicht zu fassen: Wir dachten schon, wir müssen heute im Bus schlafen‹, meinte ein Läufer. ›Und jetzt haben wir alles, was wir brauchen.‹ Unterm Strich war eigentlich alles klasse. Tolle Unterkunft, tolle Menschen in einer tollen Stadt. Wir ließen bei der Abreise eine der roten Läuferjacken als Geschenk da und verabschiedeten uns herzlich.«

Da hat man sich wochenlang auf eine Prüfung vorbereitet und dann kommt eine Frage dran, mit der man überhaupt nicht gerechnet hat. Man wartet und wartet auf ein Paket, bis man herausfindet, dass es noch gar nicht versendet wurde. Man kommt zum Arzt oder zu einem anderen Termin und am Schalter sagt eine nette Stimme: »Sie habe ich aber erst morgen um 15 Uhr erwartet.« Wir planen, machen Termine, stimmen Uhrzeit und Treffpunkt ab und verlassen uns darauf. Doch manchmal gehen Dinge einfach schief. Zum Glück treffen wir in diesen Situationen immer wieder auf Menschen, die ein offenes Ohr haben, helfen und mitgehen.

Oft ist es nur ein kurzer Weg vom schockierenden Anruf im Bus bis zur herzlichen Verabschiedung am nächsten Tag.

EINE KAPELLE AM HAKEN

Ferdinand erzählt:
»Endlich! Nach der langen Fahrt von Rom kamen wir an die Ausfahrt ›Pompeji‹. Wir waren unterwegs mit unserem ›Heiligtum auf Rädern‹, einer echt ungewöhnlichen Erscheinung.

Eine Gruppe junger Leute, die mit einem Auto unterwegs waren, das auf einem Anhänger eine Kapelle mit Glockenturm hinter sich herzog, hatte schon für erstaunte Blicke und hochgezogene Augenbrauen gesorgt. Nun nahmen wir die Ausfahrt und freuten uns aufs Abendessen, schließlich waren wir seit der Papstaudienz am Morgen schon den ganzen Tag auf den Beinen gewesen. Doch da flackerte plötzlich blaues Licht hinter uns, und im Rückspiegel konnte ich ein Auto der Carabinieri ausmachen. Die Zeichen der Polizisten machten deutlich, dass wir rechts ranfahren und anhalten sollten. Mit einem Kloß im Bauch und einem Frosch im Hals fuhren wir auf den Standstreifen und hielten an.

Die Polizisten wollten einfach nur Fotos mit diesem seltsamen Gefährt machen.

Keiner von uns sprach italienisch, und wir wussten auch nicht so genau, ob unser Gefährt nicht vielleicht irgendwelche italienischen Vorschriften verletzte. Wie um das zu unterstreichen, läutete die Glocke des Heiligtums auch noch beim Bremsen und machte zusätzlich auf sich aufmerksam. Mit einer düsteren Vorahnung stieg ich aus dem Wagen und ging auf die Carabinieri zu. Ihre Gesichter machten mir wieder etwas Mut, da sie eher freundlich als grimmig schauten. Mit vielen Handzeichen und etwas Englisch versuchten wir ihnen zu erklären, was wir da auf dem Anhänger mit uns führten, und dass wir mit dem Fackellauf unterwegs waren. Sie waren sehr interessiert. Im Laufe der ›Unterhaltung‹ wurde uns

Herausforderung

dann allerdings schnell klar, dass es gar nicht darum ging, uns zu rechtfertigen, sondern dass die Polizisten einfach nur Fotos mit diesem seltsamen Gefährt machen wollten. Uns fiel ein großer Stein vom Herzen und wir hatten viel Spaß damit, die Fotos mit den Carabinieri zu schießen.«

Manchmal ist der erste Eindruck von einer Situation oder von einem Menschen wohl doch nicht der Beste, und es lohnt sich, erst einmal abzuwarten und zu schauen, worum es eigentlich geht und sich nicht von seinen eigenen Vorurteilen entmutigen oder ängstigen zu lassen. Wir haben jedenfalls daraus gelernt, dass es unter den Carabinieri einige gibt, die ziemlich lustig sein können.

SACKGASSE

Beim Abendessen in Castiglione berichtete einer der Fackelläufer von den Erfahrungen des Tages mit den Tücken eines Weges, der keiner war:

»Ich fuhr gerade mit dem Begleitfahrrad hinter unserem Läufer her. Mitten in Italien auf der Autobahn E80. Autos und Lastwagen rauschten an uns vorbei. Plötzlich erkannte ich in der Ferne unseren Läuferbus auf einer Brücke. Die anderen Läufer winkten uns die Ausfahrt hinaus. ›Auf der Nebenstraße geht's weiter, das ist sicherer!‹, rief uns einer zu. ›Gott sei Dank!‹, dachte ich mir. Und schon waren wir an ihnen vorbei und liefen auf das Dorf zu. Am Ortseingang kamen wir an einen Kreisverkehr. ›Wohin müssen wir denn jetzt, welche Ausfahrt ist richtig?‹ Ratlosigkeit auf der ganzen Linie – bei denen im Bus mit Karte und Tablet und bei uns genauso. Nach einigem Hin und Her einigten wir uns auf ›rechts‹ und liefen hinein ins Dorf. Plötzlich endete die Straße mitten in der Wohnsiedlung in einer Sackgasse. ›Rechts‹ war wohl doch die verkehrte Richtung. Also liefen wir wieder zurück zum Kreisverkehr und bogen diesmal ›links‹ ab.

Und wieder nichts! Auch hier landeten wir nach ein paar Kurven und wenigen hundert Metern gemeinsam mit unserem Läuferbus in einer Sackgasse. Allgemeines Achselzucken, keiner hatte eine Ahnung, wo hier ein Weg weitergehen sollte. Anscheinend kam man aus diesem Dorf nur in Richtung Autobahn wieder heraus. Oder wir hatten die Abzweigung einfach nicht gefunden. ›Suchen oder Umkehren?‹, fragten wir uns und entschieden uns fürs Umkehren, denn die Uhr tickte. Für langes Suchen war einfach keine Zeit! Die Fackel musste laufen!«

Manchmal ist es besser, sich nicht auf eine Sache zu versteifen, sondern einfach einen Schnitt zu machen und wieder ganz von vorne anzufangen.

Herausforderung

Es hat keiner gesagt, dass es einfach sein würde …

Unsere Muskeln geben Zeugnis von der Bergetappe.

Solche Wegabschnitte, bei denen große Höhenunterschiede überwunden werden müssen, gibt es auch in unserem Leben.

Wie die Jünger damals auf dem Weg nach Emmaus erfahren wir heute, wie wichtig der Begleiter an unserer Seite ist. Auch wenn wir ihn nicht erkennen, so ist er doch für uns da und zeigt uns, wie wir an der Herausforderung wachsen können.

>> Da übernimmt **jemand die Führung**
dem man es nicht zugetraut hätte.

l. o.: Egal bei welchem Wetter!

l. u.: Wer gewinnt den Wettlauf in der Morgensonne.

r. o.: Da braucht jemand einen Wechsel!

r. u.: Immer wieder Rückversicherung nach dem richtigen Weg.

l. o.: Der Bus(p)fahrer lief auch. Jeder war ganz bei der Sache.

l. u.: Nach einer anstrengenden Etappe: Erleichterung pur!

r. o.: Das aus sich rausholen, was geht!

r. u.: Die letzten Kilometer liefen alle zusammen!

l. o.: Bitte wechseln!
Kommunikation
mit Händen und Füßen.

l. u.: Jede Zwischenpause
wird genutzt!

r. o.: Ein Handschlag
sagt alles!

r. u.: Jeder packt an:
Hier bei einem
von 37 Buswechseln.

Grenz-
gänger

DURCH DIE DUNKELHEIT

Ein Läufer erzählt im Bus eine Erfahrung von der Nacht zuvor:

»Es war gestern etwas später und erst als ich schlafen gehen wollte fiel mir auf, dass ich ja noch gar keinen Schlafplatz hergerichtet hatte. Es hieß also: suchen! Aber die meisten Läufer hatten sich schon schlafen gelegt und so schlich ich nur mit dem Licht meines Handys bewaffnet durch die Halle. Das Schnarchen von 70 Männern erfüllte die Halle. Hin und wieder fiel der Lichtstrahl auf ein Läufergesicht. Einer hatte sich vor lauter Müdigkeit, vielleicht war es auch Faulheit, nicht mal die Mühe gemacht, seine Isomatte auszubreiten und lag mit dem Schlafsack auf dem harten Boden der Halle. In einer anderen Ecke schien auch noch das Licht einer Taschenlampe. Einer der Argentinier schrieb noch in sein Tagebuch. Dass er daran auch um die Uhrzeit festhielt, fand ich beeindruckend.

Finding my way through the darkness. Ganz langsam und möglichst leise, um niemanden zu wecken, richtete ich also mein Nachtlager her. Ganz im Dunkeln, denn mittlerweile war der Akku von meinem Handy leer. Mir gingen noch einmal die Gedanken und Erlebnisse des Tages durch den Kopf: Der Aufbruch am Morgen, eine Strecke, die ich gelaufen war und das Anliegen dazu; auch der Tagesimpuls.

Eine Zeile daraus lautete: ›Finding my way through the darkness.‹ Das passte zu meinem Tag und meinem Suchen nach einem Schlafplatz. Ich war schon fast eingeschlafen, als das Rascheln am anderen Ende der Halle den Aufbruch der ersten Läufergruppe am Morgen ankündigte. Mir war klar: Jetzt sind die dran, ihren Weg zu finden. Hoffentlich haben die volle Akkus!«

EINE EHRE

»Es war am letzten Tag nach dem Abendgebet vor dem Dom in Speyer. Auf einmal stand mein Kumpel Marco mit einer Frau vor mir, die auf der Suche nach einem Läufer für den letzten Tag war. Da ich in den Morgenstunden am Freitag meine Laufschuhe schnüren durfte, ging ich mit ihr ein paar Schritte zur Seite und die Frau fragte: ›Ist es noch möglich, Ihnen ein Anliegen mit auf den Weg zu geben?‹ ›Natürlich‹, sagte ich und so erzählte sie mir ihre Sorgen! Es war ehrlich gesagt nicht einfach für mich. Da stand eine bis dahin völlig fremde Frau vor mir und vertraute mir ihre persönlichen Anliegen an. Allerdings war es auch eine große Ehre und ein ganz besonderer Ansporn. Es lagen bereits einige Etappen mit anonymen Anliegen hinter mir und jetzt durfte ich mich ein letztes Mal für diesen gerade kennengelernten Menschen auf den Weg machen. Es war für mich ein Erlebnis, welches mir noch einmal eindrucksvoll bestätigte, dass es richtig war sich anzumelden und mein ›Ja‹ für den Fackellauf zu geben. Ich werde in Gedanken immer bei dieser Frau und ihrem Anliegen bleiben.«

Markus erzählt über ein besonderes Anliegen:

Da stand eine völlig fremde Frau vor mir und vertraute mir ihre persönlichen Anliegen an.

ALLEIN IM WALD

Ein Läufer erzählt von Irrwegen im Schwarzwald und einem verlorenen Kameramann:

»Endlich waren wir an der Reihe. Ich sollte aufs Fahrrad steigen und Philipp die Fackel übernehmen. Am Tablet schauten wir nach dem Weg und entschieden uns, die vermeintlich gut ausgeschilderten Rad- und Wanderwege des Schwarzwaldes zu benutzen. Einfach raus aus dem Bus und der Beschilderung folgen. Da unser Ziel die Ortschaft Kandern war, schien uns der Kandernweg als sinnvolle Orientierungshilfe. Ein fataler Fehler!

Philipp rannte los. Ich musste richtig in die Pedale treten, um überhaupt mitzukommen. Immer wieder versicherten uns die Schilder, dass wir richtig waren. Der Weg wurde allerdings immer schlechter. Auch der Läuferbus schleppte sich die engen Windungen den Berg hinauf. Dann Übergabe. Es war ein befreiendes Gefühl, sich ganz auf das Laufen und das Anliegen zu konzentrieren, sodass ich erst gar nicht realisierte, dass es nur noch nach oben ging.

Nach vier Kilometern und außer Atem sah ich den Bus und das Kameraauto, das uns heute begleitete. Philipp rief mir schon zu, dass wir das letzte Stück ohne Begleitfahrzeug hinter uns bringen sollten. Dann sah ich auch schon, wie der Bus und das Kameraauto davon fuhren. Aber Halt! Warum stand Matthias, unser Kameramann noch da? Die Situation war jedem sofort klar. Drei Leute allein im Wald. Eine Fackel und nur ein Fahrrad. ›Die paar Meter schaffen wir schon!‹, meinte Philipp und spurtete wieder davon. Ich hatte große Mühe Matthias auf dem Gepäckträger zu halten, als ich den feuchten und unebenen Weg nach oben fuhr. Als ich wirklich nicht mehr konnte, stieg Matthias ab und joggte hinterher. Ich holte Philipp ein und übernahm die Fackel.

Nach deutlich mehr als vier Kilometern und mindestens 200 Höhenmetern erreichte ich endlich das Dorf Kandern. Mittlerweile war von Philipp und Matthias nichts mehr zu sehen. Ich rannte aus dem Wald, durch ein Wohngebiet bis runter auf die Hauptstraße. Dort entdeckte ich fast zufällig den Läuferbus. Aber nicht unseren, sondern den der nächsten Gruppe. Dorthin gespurtet gab ich die Fackel völlig ausgepowert weiter. Es vergingen einige Minuten bis Philipp auf dem Fahrrad auftauchte, kurz darauf auch unser Bus und das Kameraauto. Jetzt fehlte nur noch Matthias. Wir machten uns auf den Weg, unsere Etappe zu Ende zu laufen und bekamen nach einer Stunde die beruhigende Botschaft, dass das Kameraauto den im Wald verlorenen Matthias inzwischen auch wieder gefunden hatte.

So wirklich zufrieden war niemand von uns an diesem Tag. Wir hatten alles geplant und doch ging vieles schief. Erst später wurde mir klar, dass nur dieser schwere Lauf mit seinen Missgeschicken zu meinem Anliegen gepasst hatte.«

EIN EINSAMER WEG

Ein Läufer erzählt:
»Bei der Läufereinteilung sagte Philipp zu mir: ›Da bist du dann aber auf dich allein gestellt! An der Strecke wird gebaut und es gibt irgendwie keinen normalen Weg. Da musst du dann halt ein bisschen suchen. Der Radfahrer kann auch nicht dabei sein.‹ ›Ein Abenteuer also!‹, dachte ich mir.
Ich stand also in den Schweizer Bergen und sah Gabriel, meinen Vorläufer, wie er zum Endspurt ansetzte. Ich zog ein Anliegen aus dem Ordner. Es schockte mich etwas, was für tief Persönliches die Leute uns mit auf den Weg gaben. Das junge Ehepaar bat in dem Anliegen fast um ein Wunder. Noch ganz in Gedanken schreckte ich auf, als mir Gabriel die Fackel unter die Nase hielt. Instinktiv griff ich zu und rannte los. Es war wirklich kein normaler Weg. Ich musste über Eisenleitern an Felswänden, über ein Baugerüst, durch einen Tunnel, über Trampelpfade und Bäche. In einem wilden Zickzack ging es die Schweizer Berge hinab.

Es schockte mich, was für tief Persönliches die Leute uns mit auf den Weg gaben.

Die Schritte verlangten mir alle Konzentration ab, denn der ganze Weg war mehr ein Klettern und Stolpern als ein Laufen. Ich stellte mir vor, wie das junge Paar mit seinen Problemen ähnlich wirre Wege durchmachte.

An einer Felswand war eine Eisenstange als Hilfe angebracht. Mit einer Hand hielt ich mich daran fest, während ich mit der anderen die brennende Fackel jonglierte. Ich war ziemlich außer Atem und doch war Aufgeben und Stehenbleiben keine Alternative. Durch die Hindernisse auf dem Weg fühlte ich mich ziemlich mit den Menschen aus meinem Anliegen verbunden und war überrascht, dass die Strecke so schnell zu Ende ging. Das Schulterklopfen der anderen Läufer am Ende meines Laufs zeigte mir, dass da andere waren, die wussten, wie es mir ging.«

Zu einem Abenteuer Ja sagen fällt oft leicht. In der konkreten Situation sind es dann andere Dinge auf die es tatsächlich ankommt. Sei es ein Läufer, der mit einer Fackel in der Hand am Felsen hängt, eine Mutter mit fünf Kindern an der Supermarktkasse oder das junge Paar mit seinen Problemen: Verbundenheit, Solidarität und ein Ziel, das einen nicht aufgeben lässt. Gebet – vielleicht ist es genau das.

SEITENSTECHEN

Josef erzählt von seinem ersten Tag:

»Es war die erste Etappe von Pompeji nach Rom. Um ca. 5 Uhr hatten wir die Fackel in einem kleinen Dörfchen am Meer übernommen, um sie dann die letzten Kilometer bis nach Rom zu tragen. Diese Etappe war schon deshalb besonders cool, weil ich mit Christopher, mit dem ich zu Hause öfter trainiert hatte, in einer Gruppe war. Er lief zuerst und ich begleitete ihn auf dem Fahrrad. Nach geschätzten sechs Kilometern tauschten wir schließlich und ich war an der Reihe die Fackel zu tragen. Mit einem sehr bewegenden Anliegen startete ich in den Fackellauf. Es ging um einen jungen Mann, der durch eine Verletzung am Rückenmark nie mehr laufen können wird. Dieses Anliegen ging mir sehr nahe, da es für mich unvorstellbar war, keinen Sport mehr zu machen, oder noch mehr: überhaupt nicht mehr gehen zu können.
Nach ungefähr einem halben Kilometer bekam ich Seitenstechen – und das bei meiner ersten Etappe. Doch mit dem Anliegen im Herzen versuchte ich weiterzulaufen. Es war Wahnsinn, was ich, dank dem Anliegen, noch für eine Kraft aufbringen konnte. Kurz bevor wir den Bus sahen und die Nächsten an der Reihe waren, musste ich dann doch noch auf das Fahrrad wechseln. Ich nahm das Anliegen aber noch ein zweites Mal mit: Bei dem Einlauf auf den Petersplatz. Ich hoffe sehr, dass mein Lauf und mein Gebet dem jungen Mann und seiner Familie viel Kraft und Durchhaltevermögen gibt.«

»Wir laufen für alle, die nicht laufen können!« So heißt ein Slogan der Wings for Life-Stiftung, die sich für die Erforschung und Heilung von Querschnittlähmungen einsetzt. Sich zu solidarisieren und sich für andere mit all seinen Kräften einzusetzen ist genau das, was der Fackelläufer an diesem Tag gemacht hat. Durch diese bewusste Verbundenheit wurde sein Laufen zum Gebet mit den Füßen.

WIE IM FLUG

»Ich war in der ersten Nacht zum Laufen eingeteilt. Um 1 Uhr sollte es losgehen. Da sich die Gruppe vor uns etwas verspätete, blieb uns noch Zeit für einen mitternächtlichen Spaziergang am Meer. Die Zeit verging wie im Flug, und die andere Gruppe kam doch schneller als erwartet. Schon war ich an der Reihe und startete mit der Fackel. Es war ein sehr schönes und beruhigendes Gefühl. Außer dem Licht des Radfahrers und den Sternen war es fast komplett dunkel. Hin und wieder kam ein Auto oder ein LKW vorbei. Es war so still, dass man nur das Zischen und Knistern der Fackel hörte und so wollte ich mich ganz auf das Beten konzentrieren. Ich hatte aber vergessen, ein Anliegen zu ziehen. So dachte ich an alle Bekannten und Verwandten, die mich gebeten hatten, für sie zu laufen. Auch kamen mir viele Menschen in den Sinn, von denen ich den Eindruck hatte, dass es gut wäre, für sie zu beten. Als ich in der Ferne den Läuferbus erblickte, dachte ich, erst die Hälfte geschafft zu haben. Jedoch war dies schon mein Übergabeplatz. Wieder verging die Zeit wie im Flug.«

Die erste Nacht. Daniel berichtet:

Es war so still, dass man nur das Zischen und Knistern der Fackel hörte und so wollte ich mich ganz auf das Beten konzentrieren.

Einen anderen Menschen mit auf den Weg zu nehmen, das geht überall. Jede Gelegenheit lädt dazu ein, sich mit anderen zu verbinden, sodass dadurch das eigene Tun zum Gebet wird.

Grenzgänger

Die Jünger erfahren immer wieder, wie in Jesus die Grenze zwischen Himmel und Erde aufgehoben ist.

Auch wir sind solche Grenzgänger zwischen Himmel und Erde.

Auf unserem Weg mit der Fackel werden wir für viele Menschen zu einer Verbindung mit Gott, dort wo wir sie und ihre Anliegen mittragen.

Let´s get connected!

» Zu einem Abenteuer **Ja sagen** fällt oft leicht. In der konkreten Situation sind es dann **andere Dinge** auf die es **tatsächlich ankommt**.

l. o.: Schwere Etappe und schweres Anliegen. Marco kann nicht mehr.

l. u.: Die Anliegen standen immer im Mittelpunkt.

r. o.: Bis an die eigenen Grenzen gehen.

r. u.: Jeder gab, was er konnte. Lucas kämpft sich den Berg hinauf!

l. o.: Jürgen ist konzentriert auf sein Anliegen.

l. u.: Gut, jemanden an der Seite zu haben.

r. o.: Die Autobahn war am Morgen noch leer. Und Juan rennt!

r. u.: Simon hängt bei der Alpenetappe den Bus ab.

l. o.: Das Feuer im Sicherungslicht: Es gibt nur ein Feuer.

l. u.: Gemeinsame Messe in der Abenddämmerung.

r. o.: In voller Konzentration. Juan … irgendwo in Norditalien.

r. u.: Grenzgänger: Zwischen Tag und Nacht, Berg und Tal, Italien und der Schweiz.

Wir sind Familie

AUS DER HAND GENOMMEN

Simon erzählt: »Ich begleitete den ersten Läufer als Radfahrer. Phillip erklärte mir vorher extra noch eine besonders komplizierte Stelle auf der Strecke. Leider navigierte ich dann genau an dieser Stelle falsch. Immer wieder musste ich anhalten und versuchen, beim Läuferbus anzurufen. Doch ich hatte nie genügend Zeit, weil ich auch den Läufer nicht verlieren wollte, der immer weiter rannte. Nach ungefähr zwei Kilometern Umweg konnte ich ihn dann davon überzeugen, dass wir falsch waren. Er war bereits etwas sauer, weil wir immer noch nicht gewechselt hatten und diese Nachricht machte es selbstverständlich auch nicht besser.

Da klingelte das Handy und aus dem Läuferbus kam die Anweisung, dass wir umdrehen sollten. Da wir bereits vor dem Start etwas Zeit verloren hatten, war unsere Motivation als Gruppe besonders hoch gewesen, wieder möglichst viel Zeit aufzuholen. Nun aber war klar, dass wir wegen mir noch einmal einiges mehr an Zeit verloren hatten. Mit diesem Bewusstsein ging es für mich auf die Strecke. Dazu zog ich ein heftiges Anliegen, in dem es um eine drohende Hausversteigerung ging. Da ich die Anliegen immer sehr stark mit der Strecke verband, war das ziemlich passend.

Nach einer Weile ging dann auch noch die Fackel aus und da ich mit dem Radfahrer allein unterwegs war, konnten wir sie nicht einfach neu entzünden. Kurze Zeit später, aber dennoch lange bevor ich sechs Kilometer unterwegs war, stand dann plötzlich der Läuferbus vor uns. Die Fackel wurde wieder aufgefüllt und neu entzündet und dann bekam ich gesagt, dass der nächste Läufer weiterläuft, weil er sich den folgenden Streckenabschnitt bereits gut angeschaut hatte.

Die Fackel ging während des Laufens oft aus, doch das Feuer im Sicherungslicht brannte bis zum Schluss.

So war meine Etappe zu Ende, ich hatte viel Zeit verloren, ich lief nur eine kurze Zeit, kam mit einer Fackel an, die nicht mehr brannte und ich wurde am Ende kurzerhand einfach angehalten und ausgetauscht. Die Entscheidungen von den anderen im Läuferbus waren aus meiner Sicht natürlich richtig und ich konnte das alles gut nachvollziehen. Trotzdem saß ich da im Läuferbus, stocksauer auf mich selbst und war zunächst mal hilf- und orientierungslos. Die anderen versuchten mich etwas aufzumuntern. Ich hatte aber das Gefühl, dem Anliegen nicht geholfen, sondern es sogar noch schlimmer gemacht zu haben.

›Wenn das Licht ausgeht und einem das Heft aus der Hand genommen wird, ist das, auf eine drohende Hausversteigerung übertragen, furchtbar‹, dachte ich.

Da unser Läuferbus noch unterwegs war, fragte ich nach langem Grübeln, ob ich noch fünf bis zehn Minuten bekomme, um noch einmal für das Anliegen zu laufen. Und dann ging ich nochmal raus und ich rannte ...

Während der ganzen Etappe fiel mir gegenüber kein böses Wort, obwohl es meiner Meinung nach genügend Grund dazu gegeben hätte. Man hatte sogar sofort versucht mich aufzubauen. Und dann gab man mir ohne zu zögern die Gelegenheit, nochmal zu laufen – bei allen Rückschlägen stand ich nie alleine da!«

Und dann ging ich nochmal raus und ich rannte ...

BIS DIE FÄUSTE FLIEGEN

Ein Fackelläufer erzählt:

»Zum wiederholten Mal hatte ich José aus Argentinien bereits aus der WIFI Zone herausgeholt. Die ganze Zeit hingen die Jungs aus Südamerika am WLAN Router ab und vergaßen die Zeit. Mehr oder weniger freundlich machte ich ihn also darauf aufmerksam. Auf seine Reaktion war ich nicht gefasst. Er pöbelte mich an. Auf Englisch. Ich war zwar der englischen Sprache mächtig, doch von dem Schwall an Äußerungen, der mir da entgegen kam, war ich einfach geplättet. Doch damit nicht genug. Plötzlich stieß mich der kleine Mann vor die Brust. Für mein Empfinden war er deutlich zu weit gegangen. In meinem Kopf überschlugen sich die Möglichkeiten: ›Einfach zurück schubsen oder gelassen bleiben?‹ Ich machte ihm erst einmal unmissverständlich klar, dass er jetzt besser den Mund halten sollte. Er grinste nur.
Ich habe den kleinen Südamerikaner dann nicht umgehauen, doch ich tigerte den ganzen Abend angesäuert durch die Gegend. Felix erklärte mir zwar, dass die jungen Männer von der anderen Seite der Welt sich gern gegenseitig provozieren, und es dabei auch zum kleineren Gerangel kommen kann. Trotzdem änderte das nichts an meiner schlechten Laune. Vielleicht war es der Stress der vergangenen Tage, vielleicht die Müdigkeit. Immer wieder ging mir durch den Kopf: ›Wir haben hier zwei Jahre auf diese Tage hingearbeitet und der kommt hier an und führt sich so auf.‹

Einfach zurück schubsen oder gelassen bleiben?

Noch in derselben Nacht, José steckte schon in seinem Schlafsack, ging ich zu ihm und reichte ihm meine Hand. Er bedankte sich mit einem Lächeln und meinte, dass er jetzt schlafen könnte. Ihm ging es also genauso wie mir.«

Es ist doch eigentlich überall so, wo ich auf andere Kulturen treffe. Am Supermarkt an der Kasse, in der U-Bahn oder im Fußballstadion. Wer sind die Leute? Was machen die da? Verschiedene Lebenseinstellungen prallen aufeinander und es entstehen unausweichlich Spannungen. Bei den Fackelläufern war es genauso. Doch durch die Art und Weise, wie sie bei Konflikten miteinander umgingen, konnten sie zu einer Gemeinschaft werden, die einen langen Weg zusammen bewältigen konnte.

SCHNELL MAL AUFRÄUMEN

Dominic erzählt von einem Schweizer Geschehen:

»Ein beeindruckendes Erlebnis war für mich der Aufbruch in Brunnen. Dort waren wir in einer Art Jugendherberge untergebracht und alle 80 Läufer waren mit ihren Sachen im Haus verteilt. Auch die große Küche hatten wir ganz in Beschlag genommen, und es stand wirklich viel Gepäck herum. Es war meine Aufgabe, mich darum zu kümmern, dass alles aufgeräumt wird. Ehrlich gesagt hatte ich Zweifel, ob das bei diesem Chaos alles rechtzeitig fertig wird. Wir saßen dann beim Frühstück zusammen, und ich sagte vor versammelter Mannschaft: ›Männer! Wir müssen heute um 12 Uhr in Bad Säckingen sein. Darum helft bitte alle mit hier auszuräumen.‹ Ich zählte alles auf, was zu tun war und Raphael und Peter übersetzten alles auf Spanisch und Englisch.

Jeder packte einfach dort mit an, wo etwas noch nicht fertig war.

45 Minuten später war das Haus leer, alles im Bus verpackt, Schlafräume, Boden, Duschen und Toiletten – alles geputzt und sauber. Und wir konnten das Haus direkt übergeben. Ich fand es beeindruckend, wie jeder seinen Teil beitrug und wie sich keiner auf die faule Haut legte. Ich musste noch nicht einmal die Aufgaben verteilen: Jeder packte einfach dort mit an, wo etwas noch nicht fertig war. Da ging alles Hand in Hand.«

Eine technisch komplexe Maschine ist aus vielen Teilen aufgebaut, die perfekt zusammen spielen müssen, damit sie funktioniert. Noch komplizierter ist es, wenn Menschen zusammen kommen. Das gemeinsame Ziel und das Bewusstsein, dass jeder dem anderen das Beste will, sind entscheidend, dass etwas Großes werden kann. So wächst Gemeinschaft, so wächst Familie.

LASS ES EINFACH DA

»Wir mussten gestern ziemlich früh aufbrechen. Meinen kleinen Rucksack hatte ich schon am Abend vorher gepackt, und ich musste nur noch meinen Schlafplatz aufräumen und meine große Tasche packen. Am Abend hatte uns Stephan gesagt: ›Lasst eure Sachen einfach alle da. Das nehmen die anderen dann schon mit.‹ Die halbe Nacht und fast den ganzen Tag über war ich dann mit der Läufergruppe unterwegs. Als wir am Nachmittag wieder zusammen kamen, fand ich mein Gepäck und daneben Schlafsack und Isomatte auf einem großen Haufen. Alles war da. Jemand hatte meine Sachen ein- und auch wieder ausgeladen. Anfangs war ich ehrlich gesagt etwas nervös, einfach wegzugehen und mein Gepäck fremden Leuten zu überlassen. Es kostete mich Überwindung, mich darauf zu verlassen, dass ich meinen ganzen Besitz für diese zehn Tage am Abend in der neuen Unterkunft wiederfinde.

Ein Fackelläufer erzählt:

Es kostete Überwindung, mich darauf zu verlassen, dass ich meinen Besitz am Abend in der neuen Unterkunft wiederfinde.

Am nächsten Morgen ging es dann los zum nächsten Quartier. Die Ansage lautete: ›Wir laden das Gepäck ein‹, nicht ›Jeder schnappt sich seine Sachen‹, sondern einfach ›das Gepäck‹. Ehe ich mich umschaute, war meine Tasche auch schon verschwunden. Man sprach nicht groß darüber, sondern packte einfach mit an. Ich nahm die nächstbeste Tasche und brachte sie zum Bus. Dort stand Sebastian, der die Koffer in den Bus stapelte. Er grinste mich an und sagte: ›Lass es einfach da, ich mach das schon.‹«

Unterm Strich warten bis heute noch drei Isomatten auf ihre Besitzer und David auf seine Gitarre. Sorry, Dave!

ESSEN ODER MEER

Peter berichtet von einer Irrfahrt:

»Wir hatten gerade unsere Etappe beendet und die Fackel und das ganze Equipment an den nächsten Läuferbus weitergegeben. Noch schnell ein paar Absprachen und Hinweise und schon fuhren sie ihrem Läufer hinterher und wir waren allein. Der Tag lag noch vor uns, also stand die Frage im Raum: ›Was machen wir? Folgen wir den anderen Gruppen und fahren zum Baden ans Meer oder suchen wir uns erst einmal einen Supermarkt, um das Mittagessen nachzuholen?‹ Schnell war entschieden, dass die knurrenden Mägen und ihre Besitzer den nächstgelegenen Supermarkt aufsuchen wollten. Diesen vermuteten wir nicht in Richtung Meer, sondern eher im Landesinneren. Eine folgenschwere Entscheidung!

Die Aussicht vom Parkplatz über die Berge der Toskana war phänomenal. Ein paar willkürlich genommene Abzweigungen später fuhren wir auf einer landschaftlich sehr reizvollen Bergstrecke mitten durch die Toskana, bis wir zu einem kleinen Dorf in den Bergen kamen. Irgendwie hatten wir uns verirrt. Die Männer, die dort auf einer Mauer saßen, erklärten uns, dass der nächste Supermarkt nur wenige Kilometer entfernt sei. Eine Viertelstunde später kamen die ersten Zweifel auf. Vielleicht hatten wir unsere spärlichen Italienischkenntnisse überschätzt und etwas falsch verstanden. Eine schier endlose Straße voller Serpentinen stellte unsere Geduld ziemlich auf die Probe. Als wir schon aufgeben wollten, tauchte auf der Höhe ein Dorf auf. Dort angekommen, besorgten wir uns im Supermarkt etwas zu essen und veranstalteten auf zwei Parkbänken ein Picknick. Die Aussicht vom Parkplatz über die Berge der Toskana war phänomenal und das Treiben auf dem Dorfplatz so richtig gemütlich und entspannend anzusehen. Nach dem anstrengenden Lauf tat das Ausspannen richtig gut. Danach machten wir uns auf den Weg zur Unterkunft in Castiglione. Am Ende waren wir die einzige Gruppe, die nicht zum Baden am Meer war, aber wir hatten an diesem Tag viel Spaß.«

Wenn Menschen mehr miteinander verbindet kann jedes Erlebnis zur besonderen Erfahrung werden.

❱❱ Wir sind Familie

»Blut ist dicker als Wasser!«, so sagen wir, wenn wir die besondere Verbindung von Familienmitgliedern untereinander darstellen wollen.

Wenn Pater Kentenich von der Schönstattfamilie spricht, dann meint er einen solchen Lebensstrom.

Dieser verbindet Einzelne miteinander und es entsteht ein »Mehr«: eine Familie –
die Familie Gottes.

l. o.: Willkommensgruß nach einem anstrengenden Lauf vor den Mauern Roms.

l. u.: Gruppenfoto in Pompeji.

r. o.: Argentinische Polenta! Was für ein Abend.

r. u.: Ausruhen im Feriendorf.

l. o.: Pedro und José bei einer von knapp 400 Fackelübergaben.

l. u.: Schulter an Schulter vor dem letzten gemeinsamen Lauf.

r. o.: Die erste Läufertruppe. Etappe geschafft!

r. u.: Schulterschluss von Augusto und Oscar im badischen Wald.

» **Wenn Menschen mehr miteinander verbindet** kann jedes Erlebnis **zur besonderen Erfahrung** werden.

l. o.: Chillen am Meer.

l. u.: Am Ende standen wir wie Brüder Arm in Arm …

r. o.: Mailand. Halbzeit der Strecke und Gastfreundschaft pur!

r. u.: Auf dem Gotthard: Kalt, nass aber glücklich.

Wir prägen unsere Welt

DAS SEHEN WIR AUCH!

Von einer Begegnung mit Gesetzeshütern erzählt Mathias:

»Wir waren in der ersten Nacht auf deutschem Boden unterwegs. Der leichte Regen störte mich überhaupt nicht und die kühle Nachtluft tat richtig gut, sodass ich das Gefühl hatte, ewig auf der Bundesstraße weiterlaufen zu können. Marco fuhr mit dem Rad näher an mich heran und rief: ›Ich fahr mal vor zum Bus und fülle die Fackel auf. Mach deine sechs Kilometer noch voll, dann Wechsel!‹ ›Alles klar!‹, sagte ich und Marco fuhr davon. Ein paar Kilometer weiter erspähte ich den Läuferbus. Hinter dem Bus auf dem Seitenstreifen stand ein Polizeiauto. Ich wusste nicht, wie ich mich verhalten sollte und war froh, als mich Marco einfach durchwinkte. Ich hörte den Polizisten durch die Nacht rufen: ›Was machen Sie da?‹ Marco schrie ihm entgegen: ›Einen Fackellauf!‹ Darauf rief der Polizist sehr laut und aufgebracht: ›Das sehen wir auch!‹

Das hätte auch anders ausgehen können, denn wenn sie wirklich gewollt hätten, hätten sie uns das Weiterlaufen untersagen können.

Mittlerweile hatte ich den Bus und die Polizisten einige hundert Meter hinter mir gelassen. Dann kam Marco mit dem Fahrrad wieder angefahren. Er war aber nicht allein: ›Mathias, die Polizei ist jetzt dabei.‹ Und tatsächlich war das Polizeiauto hinter ihm. Das Blaulicht ging an und wir beide hatten eine unerwartete Eskorte auf unserer Strecke. Es war mir klar, dass wir jetzt nicht einfach wechseln konnten und so lief ich halt weiter, bis wir eine Ausfahrt fanden.

Bei einer Ortschaft mit einer Tankstelle, an der mittlerweile auch der Läuferbus stand, fuhren die Polizisten neben uns, kurbelten ihr Fenster herunter und sagten in einem ganz ruhigen und normalen Ton: ›Alles klar. Wir haben im Internet recherchiert. Bitte lauft nicht mehr auf der Bundesstraße und noch viel Erfolg. Schönen Abend!‹ Das Blaulicht ging aus und sie fuhren davon. ›Nochmal Glück gehabt‹, dachte ich mir. Das hätte auch anders ausgehen können, denn wenn sie wirklich gewollt hätten, hätten sie uns auch das Weiterlaufen untersagen können.«

Oft ist es der erste Eindruck, der unsere Meinungen und Vorstellungen von Menschen und Geschehnissen prägt. Es ist ein Glück, wenn Menschen ihre Urteile nicht nur an einem ersten Blick festmachen, sondern einen zweiten wagen. Oftmals erkennen wir mehr, wenn wir uns die Chance geben, uns auf etwas einzulassen. Erst wenn wir etwas tiefer bohren, uns mehr Informationen einholen, können wir uns ein Urteil bilden.

DAS TAT JETZT GUT!

Philipp erzählt von der Etappe mit den Bundeswehrsoldaten:

»Bei leichtem Regen trafen wir die 16 Soldaten am Kloster in Bühl. Die Männer verschiedenen Alters sprangen aus ihren grauen VW-Bussen und zwei Drittel von ihnen zündeten sich als erstes eine Zigarette an. Es war kühl und wir waren recht knapp in der Zeit, da das vorherige Läuferteam fast zeitgleich am Treffpunkt ankam. Ich gab den Soldaten eine kleine Einführung zum Ablauf, vor allem aber darüber, was wir uns inhaltlich mit dem Lauf gedacht hatten. Nico zeigte Einzelnen, wie die Fackel zu befüllen war. Ich lud sie ein, vor ihrem Lauf ein Anliegen zu ziehen, um für die Menschen und deren Anliegen zu laufen.

Ich fragte den ersten Läufer, ob er ein Anliegen nehmen möchte. Er sagte: ›Klar, das gehört da ja wohl dazu.‹ Er las es durch, nahm die Fackel und lief los. Alle stiegen in die restlichen Busse und wir fuhren ein Stück voraus. Der Bundeswehrseelsorger erzählte an der nächsten Station, dass dieser Läufer, aber auch andere aus der Truppe, in Afghanistan im Einsatz gewesen waren. Mir wurde klar, dass die Soldaten auch ihr eigenes Päckchen zu tragen hatten. Der Seelsorger meinte: ›Für Anliegen zu laufen kann helfen, solche Eindrücke verarbeiten zu können.‹

Klar, das gehört da ja wohl dazu.

Wir legten Kilometer um Kilometer zurück. Als wir mal wieder an einer Stelle mit den drei Bussen auf den Läufer warteten, kam der Fahrradfahrer mit einer Tüte voll Bananen: ›Irgendeine Nonne hat mitten auf der Straße angehalten und uns diese Bananen und Rosen gegeben. Die hat sich voll gefreut.‹ Der Mann schien sichtlich irritiert zu sein, weswegen gerade ihn eine Nonne ansprach. In dem Moment hielt eine Ordensschwester mit dem Auto neben uns und brachte noch mehr zu Essen mit. Sie war noch schnell zum Bäcker gefahren, da sie uns unbedingt was Gutes tun wollte. ›Dass ich das hier erleben darf, ist ein Geschenk‹, schwärmte sie und fuhr auch schon wieder davon.

Die Zeit verflog und wir kamen nach Karlsruhe. Dort war leider eine Brücke für Autos gesperrt. Wir schickten den Läufer und den Radfahrer alleine los. Bei der Umfahrung der Sperre verloren wir die beiden Bundeswehrbusse und auch der Kontakt zum Läufer brach ab. Einige Handykonferenzen und etliche Umwege später kam dann der Läufer ziemlich entkräftet am Übergabepunkt an, wo wir uns noch eine Weile unterhielten. ›Die Nonnen dürfen echt keinen Mann haben, oder?‹, fragte er. Das beschäftigte ihn wohl schon den ganzen Mittag und irgendwie konnte er das, trotz meiner Erklärung, wohl nicht so richtig verstehen. Aber es faszinierte ihn. Erst da wurde mir richtig klar, dass viele dieser Männer fast keinen Kontakt mit der Kirche hatten, doch der Fackellauf hatte sie fasziniert. Sie ließen sich auf den Lauf ein und kamen in Berührung mit dem Glauben. Fast alle hatten sich ein Anliegen gezogen und dieses für ein paar Kilometer getragen. Im Wissen, dass er bald wieder zu einem Auslandseinsatz los muss, sagte einer der Soldaten zum Abschied: ›Das tat jetzt gut‹!

Dass ich das hier erleben darf, ist ein Geschenk

Durch das Engagement eines Seelsorgers der Bundeswehr übernahmen 16 Bundeswehrsoldaten eine Etappe beim Fackellauf 2014

FÜR MEINEN BRUDER

Josef erinnert sich: »Es muss auf der letzten Etappe von Speyer nach Schönstatt gewesen sein. Wir waren der erste Läuferbus des Tages, oder besser: der Nacht. Es hatte wieder geregnet. Aber uns konnte so etwas natürlich nicht aufhalten. Ich machte mich dann mit Fabian bereit, um Fackel und Fahrrad zu übernehmen. Beim Ziehen der Anliegen, übersprang ich das erste, weil es das Anliegen für meinen Bruder war. Ich wollte, dass jemand anderes es mit auf den Weg nimmt. Zufällig sah ich dann, wie Fabian dieses Anliegen zog. Dann liefen wir los. Ich als Erster. Es ging über sehr matschige und nasse Wege.

Nach sechs Kilometern wechselten wir dann. Ich stieg auf das Rad und Fabian übernahm die Fackel. Ich fragte mich, ob ich ihn auf sein Anliegen ansprechen sollte. Ich tat es dann einfach und fragte: ›Willst du wissen, für wen du läufst?‹ Ich erzählte ihm dann, dass es sich um meinen Bruder handelte, und wir unterhielten uns ein bisschen darüber. Ich fand es einfach unbeschreiblich, dass er das Anliegen sehr ernst genommen hat und ich das so nah mitbekommen konnte. Da rannte jemand neben mir sechs Kilometer für meinen Bruder durch den Regen.«

Da rannte jemand neben mir sechs Kilometer für meinen Bruder durch den Regen.

IHR DÜRFT NICHT BEZAHLEN

»Wir waren in der Nähe von Mailand in einem Jugendzentrum untergebracht. Dort wurden wir phänomenal gut aufgenommen und bekamen sogar ein Vier-Gänge-Menü zum Abendessen und am nächsten Morgen ein tolles Frühstück. Das war alles nicht so geplant, sondern einfach der spontanen Gastfreundschaft der Italiener zu verdanken. Am Morgen ging ich dann mit Felix zum Pater und wir wollten ihm zumindest einen Teil der Unkosten erstatten, wie wir das auch bei den anderen Quartieren immer gemacht hatten.

Seine Reaktion war ziemlich deutlich: ›Ihr dürft auf keinen Fall etwas bezahlen, das ist ein Geschenk von uns an euch! Aber es würde uns sehr freuen, wenn ihr für einige unserer Jugendlichen auf eurem Lauf betet. Das ist mehr als genug.‹

Es war beeindruckend, welches Vertrauen in unser Gebet und unseren Lauf gesetzt wurde. Überall fanden wir offene Türen und Gastfreundschaft, wie man sie sehr selten findet. Dort in Mailand war für mich der Geist des Fackellaufs zum Greifen nahe.«

Dominic berichtet über eine Erfahrung in Mailand:

4-Gänge-Menü der 20 Jugendlichen und ihrer Eltern der Pfarrei: Antipasti, Pasta, Kalbsbraten, Tiramisu

GROSSES KINO

Über Mailand erzählt einer der Läufer:

»Ich lief mit Don Massimo, dem Priester des Jugendzentrums, zu dem unser Quartier gehörte, über den Hof der kleinen Schule, in der wir übernachten durften. Da rief Ulrich über den ganzen Platz: ›Oh Mann, ist das geil hier!‹ Don Massimo grinste über das ganze Gesicht. Ich war ziemlich gespannt, was er mir zeigen wollte. Er sagte nur: ›É una specialitá!‹ – das sei etwas Besonderes.

Wir gingen durch eine Tür gleich neben dem kleinen Café, das er den Fackelläufern wie selbstverständlich zur Verfügung gestellt hatte. Männer in roten Jacken standen hier vor und hinter der kleinen Bar, tranken Kaffee, spielten in länderübergreifenden Teams Billard oder Tischkicker und ein paar saßen im Kreis und brachten sich gegenseitig spanische und deutsche Lieder bei – es war eine geniale Stimmung! Da öffnete Don Massimo die Tür. Ich traute meinen Augen nicht. Vor mir lag ein Saal mit dreihundert roten Kinosesseln vor einer riesigen Leinwand. Ein eigenes Kino! ›Wollt ihr einen Film sehen?‹, fragte mich Don Massimo. *Diese Gastfreundschaft raubte mir alle Worte* und außer ›grazie‹ brachte ich nicht viel hervor.

Nach einem Vier-Gänge-Abendessen, das die Eltern der Jugendlichen, die zu diesem Zentrum gehörten, für uns vorbereitet hatten, ging es zum gemeinsamen Abendgebet: 120 Jugendliche saßen auf dem Teppichboden der kleinen Schulkirche verteilt. Als bei der Impulsfrage die Jugendlichen miteinander ins Gespräch kamen und ein Stimmengewirr aus Deutsch, Englisch, Italienisch und Spanisch den Raum erfüllte, sah ich, wie Don Massimos Grinsen von Zufriedenheit erfüllt und immer breiter wurde. Anschließend nutzten wir den Kinosaal, um den Fackellauffilm von 2009 anzuschauen. Bei dem Blick auf diesen Lauf aus der Vergangenheit breitete sich eine erwartungsvolle und auch eine ernsthafte Stimmung unter uns aus. Da wurde mir bewusst, dass alles was wir hier taten, das Singen, Spielen, das sich Austauschen, Laufen und Feiern, das alles zusammen prägte die Gemeinschaft. Die größte Freude war: Wir hatten erst die Hälfte hinter uns und ich durfte mich noch auf fünf weitere Tage freuen!«

Da wurde mir bewusst, dass alles was wir hier taten, die Gemeinschaft prägte.

Die Gastfreundschaft in Mailand trug auf positive Art und Weise zur Gemeinschaft und der Atmosphäre der Fackelläufer bei. Von jeder Begegnung werden wir geprägt und können auch selbst etwas weitergeben.

IMMER WEITER

Es war kurz vor Mailand:

»Ich stand neben dem Läuferbus. Wir warteten dort im Regen auf unseren Läufer, der jeden Moment um die Ecke kommen musste. Es sollte ein kurzer Zwischenstopp werden – zweidrittel der Etappe hatte er bereits hinter sich. Wir standen eigentlich nur da, damit der Läufer die Abzweigung nicht verpasst und um kurz zu fragen: ›Alles ok bei dir?‹

Der, für den ich heute laufe, kann auch nicht einfach aufhören. Er muss seinen Lebensweg weitergehen!

Da kam unser Läufer angerannt und ich sah von weitem: Er konnte echt nicht mehr! Dann war er da und drückte mir wortlos und völlig außer Atem die Fackel in die Hand. Ich schaute mich kurz um – hier war gar kein Läuferwechsel geplant und ich hatte meine Etappe eigentlich bereits hinter mir. Doch: Keiner der anderen Läufer war in der Nähe. Ohne lange zu überlegen drehte ich mich um und lief mit der Fackel los. Es musste ja weitergehen – einer musste sie tragen!

Schon sehr bald spürte ich meine Beine und dachte mir: ›Der, für den ich heute laufe, kann auch nicht einfach aufhören und stehen bleiben. Er muss seinen Lebensweg weitergehen!‹ Und so lief ich meinen Weg weiter: für ihn – bis zum nächsten Wechselpunkt.«

Das Letzte aus sich herausholen, wie ein Fußballer, der trotz schmerzender Muskeln weiterkämpft, damit die Mannschaft gewinnt. Oder der Mitarbeiter im kleinen Familienbetrieb, der nicht bei Dienstschluss nach Hause geht, sondern sich darüber hinaus für das Wohl der Firma einsetzt. Wer sich ganz mit einer Aufgabe, seiner Arbeit oder einer Gruppe identifiziert, für den treten persönliche Probleme oder zeitliche Grenzen in den Hintergrund.

TANKGUTSCHEINE

Markus erzählt von einer Erfahrung:

»Es gab einiges an Kuriosem und Faszinierendem. Ein besonderes Erlebnis hatte ich in der Toskana in Italien. Wir waren mit unserem Team – wie so häufig – früh am Morgen unterwegs. Der Läufer und der Fahrradfahrer waren ungefähr einen Kilometer vor unserem Bus auf einer Bergetappe. Die italienischen Abruzzen hätte ich vorher nie so anstrengend eingeschätzt: Es ging Landstraßen Kurve um Kurve hinauf und dann auch wieder hinab. Autos waren um diese Uhrzeit keine unterwegs. Langsam machte sich die aufgehende Sonne durch einen sanften Lichtschleier am Horizont bemerkbar.

Völlig unerwartet stand auf einmal am Straßenrand eine Frau in einem Ordensgewand. Durch wildes Gestikulieren versuchte sie, uns zum Anhalten zu bewegen. Wir hielten auf dem Seitenstreifen und kamen mit Händen, Füßen und einer Mischung aus Spanisch und Italienisch ins Gespräch. Wir verstanden, dass sie, eine Missionarin, auf dem Weg zu ihrem Kloster war. Sie war ziemlich begeistert von unserem Projekt und versprach für uns zu beten. Da wir weiter mussten, um die Fackel nicht zu verlieren, verabschiedeten wir uns. Sie drückte uns noch drei Tankgutscheine in die Hand und ging auch wieder ihres Weges. Ich fand diese unerwartete Begegnung ziemlich cool und von den Tankgutscheinen, die wir bei der nächsten Gelegenheit einlösten, erzähle ich heute noch gerne.«

Die Tankgutscheine waren für die Fackelläufer wie die Extrawurst an der Fleischtheke für Kinder.
»Die kleine Freude: Wer sie nicht verachtet, dem wird es nie an Freude fehlen.« Josef Kentenich

WIR TRAGEN UNS GEGENSEITIG

Dennis erzählt: »Wir warteten am Rhein, 50 Kilometer vor Koblenz. Nur noch eine letzte Etappe lag vor uns und alles schien gut zu laufen. Doch dann kam ein Anruf der Gruppe vor uns. Zuerst war da jemand ein Stück in die falsche Richtung gelaufen und dann gingen auch noch Läufer und Fahrradfahrer verloren. Chaos pur! Lösungsorientiert schmissen wir schnell all unsere Sachen wieder in den Bus, um ein Stück zurückzufahren und den anderen entgegen zu kommen. Dann kam ein neuer Anruf und wir hielten am Straßenrand an. ›Der Läufer wurde mittlerweile gefunden, der Fahrradfahrer ist noch weit zurück!‹, sagte Christian am anderen Ende der Leitung. Verspätung, und das auf den letzten Metern! Angespanntes Schweigen.

Nicht nur wir haben die Anliegen von vielen Menschen getragen, sondern auch wir wurden von diesen Menschen mitgetragen.

Da hupte plötzlich ein vorbeifahrender Reisebus wie verrückt. Ungefähr 50 Leute, die auf dem Weg zum Jubiläum nach Schönstatt waren, hatten uns erkannt und freuten sich uns zu sehen. Plötzlich war für alle wieder klar, für was wir das alles machen und wie viele Leute mit uns auf dem Weg waren. Neu motiviert sprangen wir wieder ins Auto, um den Radfahrer aufzugabeln. Schnell war er gefunden, und wir luden ihn mitsamt dem Rad in unseren Bus. Dann ging es zügig der anderen Gruppe hinterher, die wir bald eingeholt hatten. Immer mehr Jubiläumsbesucher begegneten uns und einige hielten sogar extra an, um uns zu begrüßen. Das Tempo und der Zeitdruck lasteten noch immer auf uns. Doch am Ende erreichten wir Koblenz rechtzeitig, wo wir von allen Fackelläufern bereits erwartet und mit Jubel begrüßt wurden.

Für mich ist durch diese Begegnungen am Straßenrand noch einmal deutlich geworden, dass nicht nur wir die Anliegen von vielen Menschen getragen hatten, sondern dass auch wir von diesen Menschen mitgetragen wurden.«

Wie die Fans in einem Fußballstadion durch ihr Anfeuern ihre Mannschaft dazu motivieren, noch einmal das Beste aus sich herauszuholen, um auch einen Rückstand aufholen zu können. Genauso weckte die Freude und Unterstützung der Jubiläumsbesucher den Ehrgeiz der Fackelläufer. Eine aufbauende Geste, ein ermunterndes Wort oder auch das Hupen eines Busses reichen aus, dass sich die Stimmung hebt und neue Kräfte freigesetzt werden.

WER EINE SENDUNG HAT ...

Lorenz erzählt nach dem Fackellauf:

»Es ging um das Einlaufen der Fackelläufer bei der Vigil in Schönstatt am Freitagabend. Wie man es jetzt ja längst online nachschauen kann, liefen wir auf halber Höhe der Pilgerarena von rechts kommend in die Mitte, dann eine Treppe runter, dann wieder nach rechts, dann wieder eine Treppe, nach links usw... immer in Zweierreihen. Vor der Bühne teilten wir uns, trafen uns in der Mitte. Dann Halbkreis. Drei Läufer gingen auf die Bühne und sprachen ihre Texte.

Wie alles ablaufen sollte, erfuhren wir zum ersten Mal in Castiglione, fünf Tage vorher. Dort wurden wir von Felix minutiös und wort-wörtlich in den genauen Hergang eingeweiht! Wer sagt wann und was, und in welcher Reihenfolge. Das Ganze gipfelte darin, dass die gesamte Gruppe dreimal die Treppen des Geländes hinunterlief und die Zeit gestoppt wurde, um die Ankunft in der Arena in Schönstatt besser planen zu können. In unserem Quartier in Speyer am Abend vor der Vigilfeier gingen wir das Ganze dann noch einmal durch; noch genauer und detaillierter. Wir sahen den Trailer, der eingeblendet werden sollte, das Wort von ›Rockstars‹ fiel im Zusammenhang mit uns Fackelläufern! Auf einer Tafel sahen wir genau, welche Treppe wir in welcher Reihenfolge laufen würden, wer die einzelnen Sprecher sein würden, was sie zu sagen hätten, und in welcher Reihenfolge! Das ganze ›Drehbuch‹ dieser Szene wurde festgelegt und einstudiert! Ich hatte das Gefühl: ›Die Rockstars betreten die Bühne und alles ist durchgeplant!‹ Hinzu kam für mich noch, dass alles jeweils ins Englische und Spanische übersetzt werden musste, was die Sache erheblich in die Länge zog. Ich kam mir dabei wie ein Schauspieler vor, der allen vorspielen sollte, wie toll Schönstatt und dieser Fackellauf ist und dass die

Jugend voll für die Zukunft Schönstatts steht – so hatte ich zumindest das ›Drehbuch‹ verstanden! Irgendwie passte das für mich alles nicht und ich war kurz davor, meine Sachen zu packen und zurück nach Österreich zu fahren! ›Haben wir so etwas nötig?‹, habe ich mich gefragt. Die Notwendigkeit und das Ausmaß einer solchen Choreographie überraschte mich total! ›Wir müssen hier nichts verkaufen und ich mache da nicht mit!‹, dachte ich mir deshalb spontan. ›Und damit basta! Entweder hat das Liebesbündnis, der zentrale Punkt unserer Spiritualität, seine eigene Bedeutung oder nicht, aber dass man sich so einengen und einen Ablaufplan Schritt für Schritt einhalten muss... ohne mich!‹

Im Gespräch mit dem Organisationsteam – das auch anfänglich meine Skepsis bezüglich dieses Ablaufs teilte – und ein paar anderen erfuhr ich dann, was genau hinter unserem ›Drehbuch‹ steckte. Ich hatte im ersten Moment nicht im Blick gehabt, dass die Vigilfeier am Vorabend des hundertsten Geburtstags der Schönstattfamilie an ein Millionenpublikum ausgestrahlt werden würde und die Vigil deshalb auf die Minute vorbereitet sein musste. An diesen Absprachen hingen die verschiedenen Kameras und Einstellungen in der Arena und es würde für die Technik schon schwierig genug werden, uns aufzunehmen, ohne uns auch noch suchen zu müssen. Ich beschloss also für mich, kein Drama daraus zu machen und weiterzulaufen! Ich hatte die mediale Präsenz des Fackellaufs in Schönstatt – wie wir beobachtet wurden und wie viele mitgefiebert hatten – weit unterschätzt! Mit dem Blick nach oben gerichtet: ER solle bei

Als wir an jenem Abend in die Arena einliefen und die Emotionen der Menge spürten, war dies eine beeindruckende Erfahrung und ich war stolz, in diesem Moment dabei sein zu können!

diesem Thema etwas die Luft raus lassen, und mit der Hoffnung, dass der ganze Organisations-Apparat rund ums Jubiläum nicht alles an Geist und Spontanität erdrücken würde, ging für mich die Reise weiter und ich spielte in diesen Punkten meine Rolle!

Als wir dann an jenem Abend in die Arena einliefen und die Emotionen der Menge spürten, war dies schon eine beeindruckende Erfahrung und ein wenig stolz war auch ich, in diesem Moment dabei sein zu können! Trotzdem – und vielleicht gerade deswegen – tat es mir im Anschluss *Stell dein Licht* daran so gut, gemeinsam mit allen Fackelläufern im *nicht unter* Urheiligtum zu stehen und dort den Fackellauf auf *den Scheffel* unsere Weise abzurunden!

Gemischte Gefühle habe ich bei diesem Thema immer noch! Ich finde wir sollten den Fackellauf nicht überbewerten und ich fühle mich wirklich nicht wie ein Rockstar. Gleichzeitig habe ich an jenem Abend jedoch auch verstanden, was es bedeutet: ›Stell dein Licht nicht unter den Scheffel‹ und ›Wer eine Sendung hat, muss sie erfüllen!‹ Unsere Sendung zum Jubiläum war dieser Lauf. Es ging um unser Liebesbündnis, nicht um ein bestimmtes Projekt, nicht um den Fackellauf an sich. Wenn wir das im Fokus behalten, bin ich dabei!«

❯❯ Wir prägen unsere Welt

Eines Tages werden wir alt sein, und dann?

Was werden wir dann erzählen können?

Wir werden berichten von unseren Lebenserfahrungen, von den Menschen, denen wir auf unserem Weg in den vergangenen Tagen begegnet sind und welche Spuren sie in uns hinterlassen haben.

Und auch wir hinterlassen Spuren, nicht nur beim Fackellauf, sondern jeden Tag unseres Lebens.

In all diesen Spuren können wir Gott entdecken.

Deshalb wollen wir hinausgehen und unsere Welt aktiv mitgestalten!

l. o.: Begegnung mit
Südafrikanern,
die für unseren Start
angereist sind.

l. u.: Weihbischof
Michael Gerber beim End-
spurt seiner Strecke.

r. o.: Start in Pompeji:
Pfr. Peter, Felix und Stephan
bei der Anfangsrede.

r. u.: Unerwartetes
Medieninteresse vor
dem Petersplatz.

l. o.: Ankunft der Fackel auf dem Petersplatz

l. u.: »Aus Fremden war eine Familie geworden!«

r. o.: Tetris: Beim Beladen des Busses waren alle bald ein eingespieltes Team.

r. u.: Wie immer: Voller Einsatz vom Filmteam.

» Liebe Freunde aus aller Welt.
Danke dass ihr euch darauf eingelassen habt
Fackelläufer zu werden.
Es ist uns eine Ehre mit euch zu laufen.

l. o.: Beim letzten gemeinsamen Lauf hielt niemand an der roten Ampel.

l. u.: Mit wehenden Fahnen ging's über den Rhein in Richtung Schönstatt.

r. o.: Stephan bei seinem Motivationsruf: »Fackellauf…«

r. u.: Bei der Ankunft in der Vigilfeier: »Lass dein Licht leuchten.«

Hier bin ich

DEMUT

Von seinem Einlauf in Schönstatt erzählt Marco:

»Es war Freitag, 17. Oktober, und wir standen aufgereiht in unseren roten Jacken hinter der Arena am Berg und unter uns herrschte Anspannung pur. Der Muskelkater und die Krämpfe der letzten Tage verschwanden in der Nervosität. Wir hörten die Musik und sahen die bunten Lichtstrahlen aus den Scheinwerfern der Arena, in die wir gleich einlaufen würden. Durch ein paar Büsche warfen wir den einen oder anderen Blick hinunter, konnten aber nur erahnen, was uns dort erwartete.

Sie feierten das Feuer aus Pompeji und unseren Weg, auf dem wir viele Menschen mitgetragen hatten.

Ich hatte ein paar Stunden vorher mit meinen Liebsten telefoniert und wusste ungefähr, wo sie ihre Plätze hatten. Ich war aufgeregt, da ich meine Familie seit Tagen nicht mehr gesehen hatte. Als wir in die Arena einliefen, brach tosender Applaus und Jubel aus. Viele tausend Menschen klatschten in die Hände, sangen und feierten. Sie feierten das Feuer aus Pompeji und unseren Weg, auf dem wir viele Menschen mitgetragen hatten. Echt Wahnsinn! Wir liefen die unförmigen Treppen hinunter und stellten uns in einer Reihe vor der Bühne auf.

Und dann sah ich sie! Meine Familie: Meinen vierjährigen Sohn und meine Frau und das Leuchten in ihren Augen. Ich konnte kaum atmen und Klöße so groß wie Fußbälle verstopften meine Luftröhre; Zittern, Schmetterlinge im Bauch und Tränen, die fallen wollten. Der Moment war einfach unbeschreiblich. Nur ein Wort: Demut. Ich hatte so etwas noch nie erlebt. So ein Gefühl kannte ich bisher noch nicht. Ich danke Gott dafür, dass ich diesen Fackellauf miterleben und diese Erfahrungen machen durfte.«

ES GEHT UM DAS LIEBESBÜNDNIS

»Wenn ich so auf alles, was diese Tage im Oktober geschehen ist, zurückblicke, dann kann ich nur zusammenfassend sagen: Es ging um unser Liebesbündnis! Nicht um ein bestimmtes Projekt, nicht um den Fackellauf als Veranstaltung. Die ganzen zehn Tage waren eine tolle Erfahrung und auch ich empfand das Ineinander von Gemeinschaft, Persönlichem, Gebet, Spaß, Begegnung und Freude richtungsweisend für eine motivierende, begeisternde und tiefe Zukunft Schönstatts.

Lorenz zieht ein Resumé:

Für mich als ›Konsument‹ und Mitläufer war es genial dabei zu sein! Hervorragend organisiert, also diszipliniert genug für deutsche Verhältnisse, aber durch die Internationalität auch chaotisch genug, um interessant zu sein! Für mich war es wichtig zu zeigen, dass ich für Schönstatt ein Licht tragen möchte und werde das auch künftig tun, in welcher Form auch immer das der Fall sein wird.

Ich bin dankbar für all die Begegnungen in dieser intensiven Zeit!

Ich bin dankbar für all die Vorbereitungen und Planungen im Voraus. Das war eine super Leistung der ganzen Truppe und des eingespielten Teams. Ich bin sehr dankbar für all die Begegnungen in dieser intensiven Zeit! Und wenn der Jehle, oder wer auch immer, mal wieder einen Fackellauf macht: So Gott will, bin ich wieder dabei!«

Wir leben ein persönliches Bündnis mit der Gottesmutter Maria, das den Bund Gottes mit den Menschen im konkreten Tun originell verwirklicht. Es kommt auf jeden Einzelnen an! Das nennen wir Liebesbündnis.

ICH KANN NOCH

Für Stanislaw bleibt eine Erfahrung prägend:

»Jeder bei uns im Bus hatte seinen Lauf bereits hinter sich, aber unsere Tagesetappe war noch nicht zu Ende. ›Wer kann noch?‹, fragte der Fahrer. Doch wir waren alle schon müde, sehr müde! Heute war es besonders anstrengend gewesen und wir waren schon fast drei Stunden unterwegs. Eigentlich dachten wir, dass die Alpen richtig anstrengend sein würden, aber das Mittelgebirge in der Toskana hatten wir unterschätzt. Hinzu kam, dass es regnete und zwar in Bindfäden. Alles war nass: Die Schuhe, die Socken, die Kleidung, die Rucksäcke, der ganze Bus, außen und innen. Auch wir acht im Auto. Die Fackel ging immer wieder aus und wir mussten ständig anhalten, um sie neu anzuzünden. ›Wer kann noch? Wir müssen noch 15 Kilometer bewältigen!‹, fragte der Fahrer noch einmal. ›Ich kann‹, sagte ich einfach, ›Ich kann noch.‹

Während des Laufs hatte man mir öfter gesagt: ›Du bist wahrscheinlich der Schnellste beim Fackellauf!‹ Doch das spielte an diesem Tag keine Rolle. Hier ging es nicht nur um Geschwindigkeit, sondern darum, dass wir alle an einem Strang zogen. Wir liefen miteinander, nicht gegeneinander und jeder gab, was er konnte. Ich konnte noch, also lief ich!«

Sich bereit erklären, einfach das, was man kann, auch zu machen und einzusetzen, obwohl es nicht nach der eigenen Lust und Laune geht. Diese Bereitschaft ist entscheidend, damit Prozesse nicht zum Stillstand kommen, sondern weitergehen, damit Größeres wachsen kann. Wer ein ›Ich kann noch!‹ spricht, der ›stellt sein Licht nicht unter den Scheffel‹ (Mt 5).

TEAMWORK

»Unser Weg führte uns heute an der italienischen Autobahn entlang – immer Richtung Norden. Und trotz der Autos und Lastwagen, die an uns vorbeirauschten, war es gerade als Radfahrer irgendwie öde und langweilig. Da sahen wir den Läuferbus, der oben auf der Brücke stand und uns signalisierte, bei der Abfahrt auszufahren.

Beim Abendessen werden die Erlebnisse des Tages ausgetauscht und einer der Läufer erzählt:

›Gott sei Dank! Hoffentlich sind die Seitenstraßen abwechslungsreicher!‹, dachte ich, als ich bemerkte, dass Ferdinand immer langsamer wurde und sich sichtlich immer schwerer mit dem Laufen tat. Ich ahnte schon, dass er Schmerzen hatte, denn er hatte einen blauen Nagel am großen Zeh, der im Begriff war, sich abzulösen. ›Ich kann nicht mehr!‹, keuchte er. Kurzentschlossen sprang ich vom Rad herunter, setzte ihm den Fahrradhelm auf, nahm ihm die Fackel aus der Hand und rannte los. Er schwang sich auf das Rad und ich hörte ihn hinter mir noch sagen: ›Das ist besser!‹

Eine Weile waren wir so als Läufer und Radfahrer unterwegs. Dann sagte er: ›Ich glaube jetzt geht es wieder! Ich möchte unbedingt meine Etappe zu Ende laufen!‹ Also haben wir wieder getauscht, Fahrrad gegen Fackel, und es ging weiter, solange es der Fußnagel zuließ. Noch zwei Mal wechselten wir uns so ab und bewältigten miteinander diese Strecke: er als Läufer und ich als sein Stellvertreter. Stück für Stück – echtes Teamwork!«

Manchmal ist man auf die Hilfe anderer angewiesen, um eine Aufgabe bewältigen zu können. So wie vielleicht eine alte Frau ihre eigene Wohnung nicht aufgeben muss, weil jemand da ist, der für sie einkauft und sie unterstützt. Oder auch der Student, der seinen liegengebliebenen Wagen wieder flott bekommt, weil ihm seine Freunde beim Anschieben helfen.

Hier bin ich

WIEDER DA!

Ein Läufer erzählt von einer nächtlichen Aktion:

»Es war kurz vor 5 Uhr am Morgen. Ich stand mit meiner Läufergruppe irgendwo zwischen Castiglione und Sarzana und wartete auf die Übergabe der Fackel. In der Ferne war die Fackel schon leicht zu sehen und so bereiteten wir uns vor. Als sie da war, übernahm ich zunächst das Fahrrad und musste kräftig in die Pedale treten, denn Christian, der die Fackel übernommen hatte, legte ein ziemliches Tempo vor.

Nach einiger Zeit merkte ich, dass etwas mit dem Rad nicht stimmte. Es war, als ob ich mit angezogener Bremse fuhr. Ich hielt an: Der Vorderreifen des Fahrrads war platt. Da rannte der Läufer auch schon an mir vorbei und verschwand langsam ins Dunkel der Nacht. Da stand ich also irgendwo in Mittelitalien mit einem platten Fahrradreifen alleine auf der Straße. Ich informierte den Bus, der bereits ein paar Kilometer vorgefahren war und fuhr mit plattem Reifen dem Läufer hinterher. Kurze Zeit später standen wir alle am Läuferbus.

Wir beschlossen, dass ich die Fackel übernehmen und Christian mich dann mit dem reparierten Rad wieder einholen sollte. Einen Kilometer nach dem anderen legte ich also in der Dunkelheit zurück, ohne einen Begleiter vor oder hinter mir. ›Wie lange kann es schon dauern, einen Fahrradreifen zu wechseln?‹ Hin und wieder hörte ich ein entferntes Hundebellen. Unsicherheit und Unbehagen machten sich breit. Auch lagen die üblichen sechs Kilometer schon lange hinter mir und ich merkte wie meine Schritte schwerer wurden. ›Wieder da!‹, schreckte mich Christians Stimme aus meinen Gedanken. Er hatte mich wieder eingeholt. ›Gleich geschafft!‹, rief er mir zu. Die letzten Meter gingen wieder einfacher: Es tat gut, jemanden an meiner Seite zu wissen!«

» Hier bin ich

Angekommen am Heiligen Ort.

Hier atmen wir die Atmosphäre des Heiligtums
und spüren IHREN Blick.

Wir hören ihre Frage:

»Wen soll ich senden?«

Ich spreche: »Hier bin ich – sende mich!«

Danach hörte ich die Stimme des Herrn, der sagte:
»Wen soll ich senden? Wer wird für uns gehen?«
Ich antwortete: »Hier bin ich, sende mich!« Jes 6,8

l. o.: Bereitschaft vor dem ersten Lauf: Hier bin ich!

l. u.: Die Fackel brennt … bei jedem Wetter.

r. o.: Mit festem Griff und klarem Blick!

r. u.: Fackelübergabe: Den Funken weitergeben!

l. o.: Lichtermeer der rund 10.000 Mitfeiernden in der Vigilfeier.

l. u.: Faszination Feuer!

r. o.: Am Ende des Laufs wurden die Anliegen verbrannt.

r. u.: Angekommen am Heiligen Ort: Hier bin ich!

» Unsere größte Angst ist nicht unzulänglich zu sein, unsere größte Angst besteht darin grenzenlos mächtig zu sein. Unser Licht – nicht unsere Dunkelheit – ängstigt uns am meisten.

Es dient der Welt nicht, wenn du dich klein machst. Dich klein zu machen nur damit sich andere um dich nicht unsicher fühlen, hat nichts Erleuchtetes.

Wir wurden geboren um die Herrlichkeit Gottes, der in uns ist, zu manifestieren. Er ist nicht nur in einigen von uns, er ist in jedem Einzelnen.

Und wenn wir unser Licht scheinen lassen, geben wir damit unbewusst anderen die Erlaubnis es auch zu tun.

Wenn wir von unserer eigenen Angst befreit sind – befreit unsere Gegenwart automatisch die anderen. «

Nelson Mandela

»Der HEILAND
möchte *durch mich*
heute durch die Straßen gehen,
durch mich
die *Menschen berühren*«
J. Kentenich